실무에 바로 쓰는 비즈니스 영어

상황별 핵심 패턴 500

실무에 바로 쓰는
비즈니스 영어 상황별 핵심 패턴 500

발행일	2023년 3월 14일		
지은이	조상무		
펴낸이	손형국		
펴낸곳	(주)북랩	편집	정두철, 배진용, 윤용민, 김부경, 김다빈
편집인	선일영		
디자인	이현수, 김민하, 김영주, 안유경	제작	박기성, 황동현, 구성우, 배상진
마케팅	김회란, 박진관		
출판등록	2004. 12. 1(제2012-000051호)		
주소	서울특별시 금천구 가산디지털 1로 168, 우림라이온스밸리 B동 B113~114호, C동 B101호		
홈페이지	www.book.co.kr		
전화번호	(02)2026-5777	팩스	(02)3159-9637

ISBN   979-11-6836-779-1 03740 (종이책)   979-11-6836-780-7 05740 (전자책)

(주)북랩 성공출판의 파트너
북랩 홈페이지와 패밀리 사이트에서 다양한 출판 솔루션을 만나 보세요!

홈페이지 book.co.kr   •   **블로그** blog.naver.com/essaybook   •   **출판문의** book@book.co.kr

작가 연락처 문의 ▸ ask.book.co.kr

작가 연락처는 개인정보이므로 북랩에서 알려드릴 수 없습니다.

꼭! 알아야 할 비즈니스 실용 영어의 모든 것

실무에 바로 쓰는 비즈니스 영어 상황별 핵심 패턴

500

조상무 지음

북랩

오늘날 국가 간 무역 장벽이 허물어진 글로벌 개방 시대에는 비즈니스 영어 구사 능력이 뛰어나고 업무 현장에서 이를 바로 활용할 수 있는 실무 능력을 갖춘 인재가 환영받고 있습니다.

이에 따라 많은 직장인들은 치열한 비즈니스 현장에서 영어를 사용하는 고객과 자신 있게 영어로 소통할 수 있는 능력의 필요성을 절실히 느끼고 있습니다.

외국어를 잘한다는 것은 쉬운 일이 아니지만 비즈니스 현장, 특히 외국 거래처와의 상담, 협상 등의 주요 업무에서 어려움을 겪지 않기 위해서는 영어 실무 능력을 키우는 것은 필수적 소명이라고 할 수 있습니다.

특히 비즈니스 영어 문장은 명확하고 간결하며 정확하면서도 설득력이 있어야 합니다. 그뿐만 아니라 고객이 원하는 바를 제대로 전달하기 위해서는 더욱 정중하고 신중한 어조로 격식 있는 표현을 사용해야 합니다.

이 책을 활용하여 전화, 이메일, 회의, 상담, 프레젠테이션, 협상, 계약, 구매, 판매, 그리고 경영 관리 등 현지 영어권 업무 현장에서 자주 쓰이는 관용어구 위주로 된 영어 문장을 학습함으로써 독자 여러분이 보다 실용적인 영어를 습득할 수 있도록 배려하였습니다.

사실 단어들이 모여 전혀 다른 의미를 나타내는 관용어구가 포함된 영어 문장(예: 'Everything is up in the air'는 '모든 것이 불확실하다'는 의미)과 핵심 단어를 많이 알고 있으면 비즈니스 업무 현장에서 고객과의 의사소통에 어려움을 겪지 않을 수 있습니다.

이 책은 대부분 관용어구를 수반하고 있는 영어 문장들로 구성되었고 실무에서 자주 사용되는 비즈니스 영어 핵심 단어들을 최대한 수록하였으므로 비즈니스 실무 현장에서 상황에 맞게 바로 적용한다면 독자 여러분의 업무 생산성 향상에 크게 기여할 것입니다.

영어를 잘하는 데는 왕도가 없다고 합니다. 꾸준한 반복 훈련과 시행착오의 교정만이 최고의 수준에 이를 수 있습니다. 실용적인 비즈니스 영어의 중요성이 나날이 높아지고 있는 요즘, 상당한 수준의 영어를 구사하려면 독자 여러분이 시간을 투자하고 노력을 기울여야만 원하는 수준에 도달할 수 있습니다.

특히 더 간결하고 세련된 문장과 형식으로 영어를 사용하는 고객에게 좋은 인상을 심어 주고 싶은 독자 여러분은 우선 이 책에 나오는 비즈니스 영어 상황별 핵심 패턴 500을 반복 학습한다면 고객과의 원활한 의사소통에 큰 도움이 될 것입니다.

이 책의 도움으로 실제 비즈니스 현장에서 능숙하고 유창하고 적절히 영어를 사용할 수 있는 능력을 키운다면 머지않아 독자 여러분의 성공과 발전이 있으리라 믿습니다.

BUSINESS ENGLISH

contents

1.

회사 및 제품 소개

---

① **specialize in**

예문 We **specialize in** customized skin treatments that match your skin type.

> * specialize in : ~을 전문으로 하다, 전공하다 (= major in)
> * customized : (사람, 상황 등에 따른) 맞춤형의

해석 I 저희는 여러분의 피부 타입에 잘 맞는 고객 맞춤형 피부 치료를 전문으로 하고 있습니다.

---

② from the ground up

예문 The founder started this company **from the ground up** ten years ago.

> * from the ground up: 맨땅에서, 처음부터 (= from the scratch), 맨손으로

해석ㅣ 회사 창업자가 10년 전에 이 회사를 맨손으로 시작했습니다.

---

③ be in the business of

예문 Our company **is in the business of** building Internet-based solutions.

> * be in the business of: ~하는 업무를 하다, ~에 종사하다 (= engage in), ~하는 사업을 하다 (= run a business on)

해석ㅣ 당사는 인터넷 기반 솔루션을 구축하는 사업을 하고 있습니다.

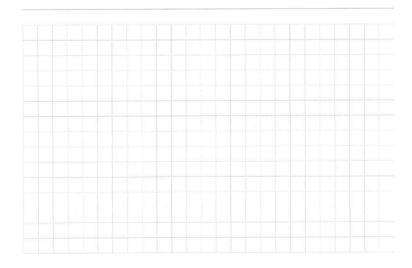

④ carry one's line

📄 Our company has a nation-wide network of it's own sales outlets and several large department stores **carry our lines.**

* nation-wide network: 전국적 네트워크, 전국망
* sales outlet: 판매점, 판매처, 판매 대리점 (= sales agent)
* carry one's line: ~의 제품을 취급하다, ~의 상품을 유통하다
 (= distribute goods)

해석ㅣ 저희 회사는 전국에 소매 직판점이 있고 여러 대형 백화점이 저희 제품을 취급하고 있습니다.

---

⑤ leading company

📄 It's a miracle that our company has developed into one of the **leading companies** in the clothing industry in just 20 years.

* leading company: 선두 기업, 선진 기업 (= advanced corporation), 선두 업체
* clothing industry: 의류 산업, 의류 업계

해석ㅣ 우리 회사가 겨우 20년 만에 의류 산업 분야에서 선두 기업 중 하나로 성장한 것은 기적입니다.

---

⑥ continue to

예문 I hope the venture capital will **continue to** invest in our company.

* **continue to**: 계속 ～하다 (= keep on ～ing, go on ～ing)
* **invest in**: ～에 투자하다 (= make an invest in), 돈을 쓰다

해석 | 벤처 캐피탈이 우리 회사에 계속 투자하기를 바랍니다.

---

⑦ run across

예문 I **ran across** an interesting article about your products the other day.

* **run across**: ～을 우연히 만나다 (= meet by chance), 발견하다 (= find)
* **the other day**: 요전에, 일전에, 며칠 전에 (= a few days ago)

해석 | 요전 날 우연히 귀사 제품에 관한 흥미로운 기사를 보게 되었습니다.

---

⑧ retirement plan

예문 Our company offers an excellent **retirement plan** and medical insurance as well.

* **retirement plan**: 은퇴 계획, 노후 대책
* **medical insurance**: 의료 보험 (= health insurance)

해석 | 저희 회사는 훌륭한 은퇴 계획과 의료 보험을 제공합니다.

---

⑨ get one's foot in the door of

예문 It took me two years to **get my foot in the door of** the technology industry.

> * get one's foot in the door of: ~에 발을 들여놓다, 능력을 발휘할 기회를 얻다 (= get an opportunity to show one's ability)

해석 | 기술 산업에 발을 들여놓는 데 2년이 걸렸습니다.

---

⑩ give the right advice

예문 You can rely on our expertise to **give the right advice** and support.

> * rely on: ~에 의존하다 (= depend on), 의지하다 (= fall back on)
> * expertise: 전문 지식 (= know-how), 전문 역량, 전문성
> * give the right advice: 꼭 맞는 조언을 하다

해석 | 꼭 맞는 조언과 지원을 제공하는 저희 회사의 능력을 기대하셔도 좋습니다.

---

⑪ product range

예문 Our **product range** includes office furniture such as desks, chairs and cabinets.

> * product range: 제품 범위 (= scope of product), 제품 군 (= product group), 제품 다양성 (= product diversity)

해석 | 저희 제품의 범위는 책상, 의자와 캐비닛 같은 사무용 가구입니다.

---

(12) be available

예문 Our products **are** currently **available** online.

> * be available: ~에서 구매할 수 있는 (= be purchasable), 구입 가능한

해석 | 저희 제품은 현재 인터넷에서 구매하실 수 있습니다.

---

(13) useful feature

예문 It's very simple to operate, but has many **useful features**.

> * operate: (기계, 장치 등)을 작동하다, (기계, 장치 등이) 작동되다
> * useful feature: 유용한 기능 (= useful function), 유용한 특징

해석 | 조작은 매우 간단하지만 유용한 기능이 많습니다.

---

(14) compared to

예문 **Compared to** other competitors', our products have two key advantages.

> * Compared to: ~와 비교해서 (= in comparison with), ~에 비해, ~와 비교하여, ~에 비하면
> * key advantage: 중요한 이점, 핵심 강점, 주요한 강점

해석 | 경쟁사들의 다른 제품과 비교해서, 저희 회사의 제품은 두 가지 주요한 강점을 지니고 있습니다.

---

⑮ be made from

예문 Our products **are made from** recycled materials.

> * **be made from**: ~로 만들어지다 (= be manufactured from)
> * **recycled material**: 재활용 소재, 재활용 물질, 재활용 재료

(해설) 저희 회사 제품은 재활용 소재로 만들어집니다.

---

⑯ useful life

예문 Some products can be recycled at the end of their **useful life**.

> * **useful life**: 내용 연수 (= durable years), 즉 자산의 효용이 지속되는 기간

해석 | 일부 제품은 내용 연수가 지나면 재활용이 가능합니다.

---

⑰ be designed for

예문 Our products **are** specifically **designed for** those with chronic back pain.

> * **be designed for**: ~을 위해 고안되다, 제작되다 (= be manufactured for)
> * **chronic back pain**: 만성 요통, 만성 허리 통증

해석 | 저희 회사의 제품은 만성 요통을 가진 분들을 위해 특별히 고안되었습니다.

---

18 as part of one's continuing efforts to

[예문] **As part of our continuing efforts to** enhance the quality of our products, we launch a new product.

* As part of one's continuing efforts to: ~하기 위한 지속적인 노력의 일환으로
* launch: [동](신제품 등)을 출시하다, (일, 활동, 공격 등)을 개시하다, (미사일, 인공위성 등)을 발사하다 [명]출시, 시작, 착수, 발사, 진수

해석 | 자사 제품의 품질을 향상시키기 위한 저희 회사의 지속적인 노력의 일환으로 새로운 제품을 출시하게 되었습니다.

19 come with

[예문] Our products **come with** a one-year limited warranty.

* come with: ~이 따르다, 따라오다, ~와 함께 오다
* warranty: 담보, 보증, 근거, 영장

해석 | 저희 제품을 구매하시면 1년간의 한정 보증을 해 드립니다.

20 going forward

[예문] We have a robust product strategy **going forward**.

* robust: 튼튼한, 강건한, 확고한
* going forward: 앞으로의, 미래의, 장차, 앞으로는

해석 | 저희는 미래의 강력한 제품 전략을 가지고 있습니다.

(21) as well as

예문 We can offer high quality products and services **as well as** special discounts for first-time customers.

> * A as well as B: B뿐만 아니라 A도 (= not only B but also A)
> * first-time customer: 첫 구매 고객

해석| 저희 회사는 첫 구매 고객에게 특별 할인을 해 드릴 수 있을 뿐만 아니라 고품질의 제품과 서비스를 공급해 드릴 수 있습니다.

Famous quotes in English

If you want to live a happy life, tie it to a goal,
not to people or objects.

(행복한 삶을 살려면, 사람이나 사물에 의지하지 말고 목표에 의지하라.)

— Albert Einstein

2.
자료 분석, 시장 조사

---

(22) **in a row**

예문 Our production has flattened for two years **in a row**.

> * flatten : ~이 평평해지다, 납작해지다 (= flatten out)
> * in a row : 잇달아, 연이어 (= continuously), 계속해서 (= consecutively)

해석 | 당사의 생산량은 2년 연속 제자리걸음입니다.

---

(23) for the sake of

예문 **For the sake of** the development of the national economy, it is essential to make quality products and increase our exports to overseas markets.

> * **For the sake of**: ~을 위해서 (= in order to, for the purpose of)
> * **be essential to**: ~하는 것이 기본이다 (= be fundamental to), ~하는 것이 필수이다

해석 | 국가 경제 발전을 위해서는 고품질의 상품을 만들고 해외 시장으로 수출을 늘리는 것이 필수적입니다.

---

(24) fall short of

예문 Due to unexpected economic downturn, the orders we won this year **fell short of** this year's target of $2,000,000, with only 60 percent of the goal achieved.

> * **Due to unexpected**: 예기치 못한 ~ 때문에 (= Because of unexpected)
> * **economic downturn**: 경기 침체, 경기 하락, 경기 후퇴
> * **fall short of**: ~이 부족하다, 미흡하다, ~에 미치지 못하다

해석 | 예상치 못한 경기 침체로 올해 수주액이 목표치인 200만 달러에 미치지 못하고 겨우 목표액의 60%만 달성했습니다.

(25) be proficient in

예문 Education allows people to acquire a decent job, where they **are proficient in** adapting to change, and can live a comprehensive lifestyle.

> * **decent job**: 괜찮은 일자리 (= quality job, decent work), 번듯한 직업
> * **be proficient in**: ~에 능숙한 (= be skilled in), ~을 잘하는, ~에 숙달된

해석 ⎮ 교육을 통해 사람들은 양질의 일자리를 얻을 수 있고, 변화에 능숙하게 적응할 수 있으며, 포괄적인 삶을 누릴 수 있습니다.

---

(26) hit a target of

예문 Sales could not manage to **hit a target of** 70% by the end of this quarter.

> * **manage to**: 완수하다 (= accomplish), (어려움에도) ~을 해내다 (= make it), 간신히 ~하다
> * **hit a target of**: ~의 목표치를 달성하다 (= achieve one's goal, meet one's target, reach one's goal)

해석 ⎮ 이번 분기 말까지 목표치인 70% 매출을 달성하지 못했습니다.

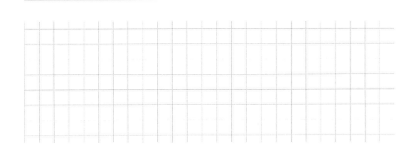

(27) overall recession

예문 Due to **overall recession**, costs for marketing have been cut.

> * due to: ~ 때문에 (= because of), ~에 기인하는
> * overall recession: 전반적 경기 불황 (↔ overall economic boom)

해석ㅣ 전반적인 경기 불황으로, 마케팅 비용이 절감되었습니다.

---

(28) pro rata to

예문 Variable costs are assumed to change **pro rata to** production volume.

> * be assumed to: ~하는 것으로 가정되다, 추측되다 (= be guessed to), 추정되다 (= be estimated to)
> * pro rata to: ~에 비례하여 (= in proportion to)

해석ㅣ 변동비는 생산량에 비례하여 변동하는 것으로 가정하였습니다.

---

(29) potential sales

예문 We have to figure out the **potential sales** for the new model by segment.

> * figure out: 파악하다 (= read the table), 이해하다 (= understand)
> * potential sales: 잠재 판매액, 잠재 판매량 (= potential sales volume)
> * segment: 부분, 부문, 조각, 마디, 절편, (원의) 호

해석ㅣ 새 모델의 잠재적인 판매량을 부문별로 파악해야 합니다.

---

(30) be up to

예문 As soil and water are becoming contaminated year by year, it **is up to** industries to protect the environment.

* contaminate: ~을 오염시키다, ~에 악영향을 미치다
* be up to: ~에 달려 있다 (= depend on), ~의 몫이다, ~의 의무이다, ~가 결정할 일이다

해석 | 토양과 수질이 해마다 오염되고 있으므로 환경 보호는 산업계의 의무입니다.

---

(31) account receivable

예문 Among current assets, inventories increased while **accounts receivable** declined significantly.

* current assets: 유동 자산 (↔ fixed assets), 즉 짧은 시간 안에 현금화할 수 있는 자산
* inventory: 재고 자산, 품목 명세서, 재고 (= stock), 재고품, 목록
* account receivable: 매출 채권 (↔ account payable)

해석 | 유동 자산 중 재고 자산은 증가한 반면 매출 채권은 크게 감소하였습니다.

32 failure rate

예문 The new machine shows a higher **failure rate** than incumbents.

> * **failure rate**: 고장률 (= hindrance rate), 실패율, 불합격률
> * **incumbent**: 기존의 (ex. incumbents, 기존의 것들), 현직의, 재직 중인

해석ㅣ 새 기계는 기존 기기보다 고장률이 높습니다.

---

33 pass over

예문 Letting this **pass over** because it is only a temporary phenomenon could lead to serious consequences in the future.

> * **pass over**: 간과하다 (= overlook, ignore), 지나치다, 건너뛰다
> * **lead to serious consequences**: 심각한 결과를 초래하다, 중대한 결과로 이어지다

해석ㅣ 일시적인 현상이란 이유로 이것을 간과하면 장차 심각한 결과를 초래할 수 있습니다.

(34) rise sharply

예문 Steel Industrial output **rose sharply** from minus 5% in April to 7% in May.

> * rise sharply: 가파르게 상승하다, 급격히 증가하다 (↔ decrease sharply)

해석 | 철강 산업 생산량은 4월 마이너스 5%에서 5월 7%로 가파르게 증가했습니다.

---

(35) lie in

예문 The key to good planning **lies in** a good organization.

> * good planning: 올바른 계획, 좋은 계획
> * lie in: ~에 있다 (= consist in)

해석 | 좋은 계획의 핵심은 좋은 조직에 있습니다.

---

(36) as can be seen from

예문 **As can be seen from** this graph, our sales has increased by 10%.

> * As can be seen from: ~에서 보다시피 (= As shown in, As we can see from)

해석 | 그래프에서 보시다시피, 저희 회사의 판매량은 10%가 증가했습니다.

---

(37) show practical effect

예문 It will take about a year for this market policy to **show any practical effect.**

* show practical effect: 실제적 효과를 나타내다, 효과를 보이다
* market policy: 시장 정책, 판매 정책 (= sales policy)

해석 | 이 시장 정책이 실제로 효과를 나타내는 데 일 년 정도 걸릴 것입니다.

---

(38) take account of

예문 The possibility of entering overseas markets will be **taken account of** consideration.

* enter overseas markets: 해외 시장에 진출하다 (= enter global markets, enter international markets)
* take account of: ~을 고려하다 (= take into consideration, consider)

해석 | 해외 시장 진출에의 가능성을 고려해 보겠습니다.

비즈니스 영어 핵심 패턴 500

(39) low-hanging fruit

예문 After a cost-benefit analysis, the consultant came up with a list of **low-hanging fruits**.

> * cost-benefit analysis: 비용 편익 분석, 즉 사업으로 발생하는 편익과 비용을 비교해서 시행 여부를 평가하는 분석 방식
> * come up with: ~을 만들어 내다 (= work out), 생각해 내다 (= think out), 제시하다 (= present)
> * low-hanging fruit: 쉽게 해결할 수 있는 방법, 쉽게 달성할 수 있는 목표

해석 | 비용 대 효과 분석 후, 컨설턴트는 쉽게 성취할 수 있는 목표 목록을 만들어 냈습니다.

---

(40) be set to be implemented

예문 A new business-friendly policy **is set to be implemented** by the local government.

> * business-friendly policy: 기업 친화적 정책, 친기업 정책
> * be set to be implemented: ~이 시행될 예정이다

해석 | 새로운 친기업 정책이 지방 정부에 의해 시행될 예정입니다.

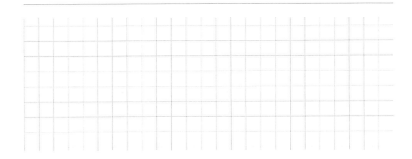

(41) ballpark figure

예문 Here is a **ballpark figure** to expect your potential payment.

* ballpark figure: 대략적인 수치, 예상에 가까운 수치
* potential payment: 잠재적인 지불액, 예상되는 보수 (= expected pay)

해석ㅣ 당신의 예상 보수를 보여 줄 대략적인 수치가 여기 있습니다.

---

(42) with this in mind

예문 **With this in mind**, we will reduce our manufacturing costs.

* With this in mind: 이 점을 염두에 두고, 이 점을 감안하여
* reduce manufacturing costs: (제품 등의) 생산비를 줄이다 (= reduce production costs)

해석ㅣ 이 점을 염두에 두고 저희는 생산비를 줄이겠습니다.

---

(43) do a cost analysis

예문 We should **do a cost analysis** to study if the solution is worth it.

* do a cost analysis: 원가 분석을 하다, 비용 분석을 하다
* be worth: ~할 가치가 있다 (= deserve to), 보람이 있다 (= be fruitful, be worthwhile)

해석ㅣ 비용 분석을 통해 그 솔루션이 가치가 있는지 알아봐야겠습니다.

(44) corner the market

예문 The company has **cornered** 90% of **the** CPU **market**.

> * CPU: Central Processing Unit의 약어, 중앙 처리 장치
> * corner the market: 시장을 지배하다 (= dominate the market), 차지하다
> (= take up, occupy), 독점하다 (= monopolize the market)

해석 | 그 회사는 CPU(중앙 처리 장치) 시장의 90%를 점유하고 있습니다.

---

(45) be no trouble in

예문 There would certainly **be no trouble in** satisfying our customers.

> * be no trouble in: ~하는 데 아무 문제가 없다 (= be no difficulty in,
> have no trouble in)

해석 | 우리의 고객을 만족시키는 데에 어떠한 문제도 없을 것입니다.

---

(46) in detail

예문 The report describes **in detail** all the benefits of fair trade.

> * in detail: 상세히, 자세히 (= minutely)
> * fair trade: 공정 무역, 즉 상호 간의 혜택이 동등한 가운데 이루어지는 무역
> 형태

해석 | 그 보고서는 공정 무역의 모든 장점을 상세히 설명하고 있습니다.

---

(47) hold off

예문 Several of our major customers have decided to **hold off** on new purchases from us because of the recent economic downturn.

* **decide to**: ~하기로 결정하다 (= determine to)
* **hold off**: (결정, 발표, 구매 등)을 연기하다 (= postpone, put off), 미루다 (= delay, defer)
* **economic downturn**: 경기 침체, 경기 하강 (= economic decline, ↔ economic upturn)

해석| 최근의 경기 침체로 인해 여러 주요 고객이 신규 구매를 미루기로 결정했습니다.

---

(48) as a last resort

예문 As a last resort, we can rely on the domestic market where we still enjoy strong sales.

* **As a last resort**: 최후의 수단으로서, 마지막 방법으로 (= as a last way)
* **rely on**: ~에 의존하다 (= depend on), 의지하다 (= fall back on)

해석| 최후의 수단으로서, 우리는 여전히 매출 강세를 보이고 있는 국내 시장에 의존할 수 있습니다.

비즈니스 영어 핵심 패턴 500

(49) win back

예문 There is no alternative other than **winning back** our market share.

* **be no alternative other than**: ～ 외에는 달리 대안이 없다 (= have no choice but to)
* **win back**: (신뢰, 점유율, 우승컵 등)을 되찾다, 다시 차지하다

해석 | 저희에겐 시장 점유율을 되찾아오는 것 외엔 달리 대안이 없습니다.

---

(50) focus group

예문 We did some **focus groups**, but the results were mixed.

* **focus group**: 시장 조사나 여론 조사를 위해 각 계층을 대표하도록 뽑은 소수의 사람들로 이루어진 그룹

해석 | 포커스 그룹을 했는데 결과가 엇갈렸습니다.

---

(51) concentrate on

예문 I'd like us to **concentrate on** the recent sales figures.

* **concentrate on**: ～에 집중하다 (= focus on), 전념하다, 주목하다

해석 | 우리 모두 최근 판매 수치에 주목해 주셨으면 합니다.

---

(52) customer insight

예문 The product team decided to organize the focus group to get **customer insights**.

> * customer insight: 고객에 대한 이해, 통찰

해석 | 제품팀은 고객에 대한 통찰을 얻기 위해 포커스 그룹을 구성하기로 했습니다.

(53) on the basis of

예문 Pricing will be determined **on the basis of** the survey results.

> * on the basis of: ~을 근거로 하여 (= based on), ~에 따라 (= depending on)

해석 | 가격은 시장 조사의 결과에 따라 결정될 것입니다.

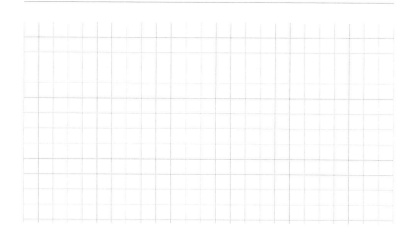

비즈니스 영어 핵심 패턴 500

(54) quite a few requests

예문 We have received **quite a few requests** from customers for products which are much lighter and more durable.

> * **quite a few requests**: 꽤 많은 요청, 많은 요구 (= not a few requests)
> * **durable**: 내구력이 있는 (= lasting), 오래 견디는, 튼튼한

해석 I 저희는 소비자들로부터 보다 가볍고 내구성이 있는 제품을 원한다는 요구를 많이 받고 있습니다.

Famous *quotes* in English

The future depends on what we do in the present.
(미래는 현재 우리가 하는 일에 달려 있다.)

— Mahatma Gandhi

3. 동향 파악, 시장 전망

(55) give a heads up

예문 I want to **give** you **a heads up** on the policy changes.

> * give a heads up: ~을 미리 알려 주다 (= tell in advance), 미리 경고하다 (= forewarn)

해석 | 정책 변동에 대해서 미리 알려 드릴게요.

(56) by reason of

예문 **By reason of** the current exchange rate, your prices have become more expensive.

> * **By reason of**: ~ 때문에 (= because of, on account of), ~의 이유로 (= owing to)
> * **exchange rate**: 환율, 외환 시세

해석ㅣ 최근 환율의 영향 탓인지, 귀사의 가격이 좀 더 비싸졌습니다.

---

(57) cannot wait to

예문 I **cannot wait to** work with robots in the future.

> * **cannot wait to**: ~을 고대하다 (= anticipate), 간절히 기다리다, ~하고 싶다 (= would like to)

해석ㅣ 미래에 로봇과 함께 일하는 것을 고대하고 있습니다.

---

(58) make a decision

예문 The data helps the business planners to **make a decision** the size and growth of the market.

> * **business planner**: 비즈니스 플래너, 사업 계획자, 사업 계획가
> * **make a decision**: ~을 결정하다 (= decide, determine)

해석ㅣ 데이터는 사업 계획가들이 시장의 규모와 성장을 결정할 수 있도록 도와줍니다.

---

(59) unforeseen circumstance

예문 Due to **unforeseen circumstances**, the cost of the development has risen twice.

> * **due to**: ~ 때문에 (= because of), ~에 기인하는 (= attributable to)
> * **unforeseen circumstance**: 뜻하지 않은 상황 (= undesirable situation), 예상하지 못한 사정 (= unexpected occasion)

해석 I 예상치 못한 상황으로 인해 개발비가 두 배로 올랐습니다.

---

(60) cook the books

예문 Rumor has it that K company has been **cooking the books**.

> * **Rumor has it that**: 소문에 의하면 ~하다, ~라는 소문이 있다
> * **cook the books**: 분식 회계를 하다, 숫자를 예쁘게 꾸미다

해석 I 소문에 의하면 K회사는 분식 회계를 해 왔다고 합니다.

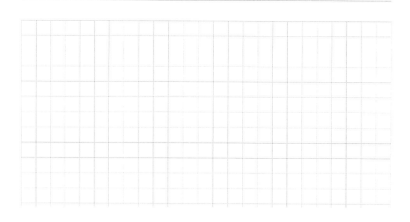

비즈니스 영어 핵심 패턴 500

(61) as is the case with

예문 Recently some manufacturers distribute directly to wholesalers or retailers, **as is the case with** our company.

> * distribute: (상품, 제품 등)을 유통시키다, 배급하다 (= ration)
> * as is the case with: ~의 경우와 같이 (= like in the case of, as in), ~의 사례처럼 (= as in the case of)

해석ㅣ 최근 저희 회사와 같이 도매점이나 소매점에 직접 판매하는 생산자도 있습니다.

---

(62) be determined to

예문 The startup founders **are determined to** accelerate the time to market.

> * be determined to: ~하기로 결심하다 (= determine, make up one's mind), 각오하다 (= resolve)
> * accelerate: 속력을 더하다, 가속하다 (= speed up), 빨리 진행하다 (= move quickly, go as soon as possible)
> * market: 출시하다 (= launch, release), 시장에 내놓다, 판매하다

해석ㅣ 스타트업 창업자들은 출시 기간을 앞당기기로 결심했습니다.

(63) null and void

예문 The agreement became **null and void** after the new management team stepped in.

> * null and void: 무효인 (= ineffective), 효력이 없는 (= no in effect)
> * step in: 개입하다, 합류하다 (= join), 돕고 나서다 (= get together)

해석 l 새 경영진이 합류하면서 그 합의는 무효가 되었습니다.

---

(64) effect a merger

예문 Downsizing often happens when two companies **effect a merger.**

> * downsizing: 조직 축소, 소형화 (= miniaturization), 인원 삭감
> * effect a merger: 합병하다 (= merge, carry out a merger)

해석 l 인원 삭감은 두 회사가 합병할 때 종종 일어납니다.

---

(65) in vogue

예문 The idea of putting people before profits is now much **in vogue.**

> * in vogue: 유행 중인 (= in favor), 선풍적인, 인기 있는 (= popular), 호평을 얻는 (= gaining a good reputation)

해석 l 이윤에 앞서 사람을 먼저 생각하자는 사고는 현재 널리 퍼져 있는 개념입니다.

---

(66) keep a laser focus on

예문 We need to **keep a laser focus on** the quality, or our competitors will wipe us out.

> * **keep a laser focus on**: ~에 초점을 맞추다 (= concentrate on, focus on), 신경 쓰다 (= pay extra attention to)
> * **wipe out**: ~을 제거하다 (= eliminate), 지우다, 기진맥진하게 하다

해석 | 우리는 품질에 계속 집중해야 합니다. 그렇지 않으면 경쟁사들이 우리를 시장에서 몰아낼 것입니다.

(67) let go of

예문 The company decided to **let go of** some employees involved in the failed business.

> * **let go of**: ~을 놓다, 해고하다 (= dismiss, pay off), 버리다
> * **involved in**: ~에 관련된 (= related to), 관여된 (= engaged in)

해석 | 그 회사는 실패한 사업과 관련된 몇 명의 직원을 해고하기로 결정했습니다.

(68) due diligence

예문 We've done our **due diligence,** and none of the other contractors seem more qualified.

> * **due diligence**: 기업 실사 (= physical count), 상당 주의 의무

해석 | 저희가 실사를 해 봤는데, 다른 계약자들 중에 더 나은 곳은 없습니다.

(69) go down

예문 We expect customer prices to **go down** further in the coming months.

> * **go down**: (가격, 수준, 수치 등이) 떨어지다 (= fall), 감소하다 (= decrease, decline, diminish)
> * **customer prices**: 소비자 가격 (↔ producer prices)

해석 | 앞으로 몇 달 동안 소비자 가격이 좀 더 떨어질 것으로 예상합니다.

---

(70) hold on to

예문 We should **hold on to** the stocks until we figure out the market trend.

> * **hold on to**: ~을 보유하다, 보관하다, ~에 의지하다, ~을 붙잡다
> * **figure out**: ~을 이해하다, 산출하다 (= work out), 알아내다

해석 | 시장 동향이 파악될 때까지 주식을 보유해야 합니다.

---

(71) shore up

예문 We have made a definite effort to **shore up** sales in the last quarter and expect an increase next year.

> * **make a definite effort to**: ~하는 데 확실한 노력을 기울이다
> * **shore up**: ~을 강화하다, 떠받치다 (= hold up), 지지하다

해석 | 저희는 지난 분기에 판매를 강화하기 위해 확실한 노력을 기울였으며 내년에는 증가를 기대합니다.

---

(72) down the road

예문 I'm sure the research plan will help the project **down the road**.

* **down the road**: 향후, 앞으로 (= along the road), 장래에

해석ㅣ 연구 계획이 향후 프로젝트에 도움이 될 거라고 확신합니다.

---

(73) come out with

예문 AP Company is expected to **come out with** new inventions of its own, making it even attractive to buyers.

* **come out with**: 선보이다 (= show, bring out), 보여 주다, 공표하다 (= announce), 말하다

해석ㅣ AP는 자사의 새로운 발명품을 선보여서 구매자들을 더욱 매혹시킬 것으로 기대됩니다.

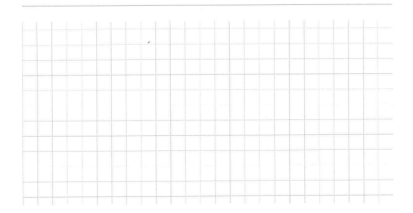

(74) projected sales

예문 Our **projected sales** for the new quarter are expected to decrease by 20%.

> * **projected sales**: 예상 판매량 (= expected sales volume), 예상 판매액
> * **be expected to**: ~할 것으로 기대되다, 예상되다, ~하는 것이 요구되다
> (= be required to)

해석 ㅣ 새로운 분기에 당사의 예상 판매량은 20%까지 감소할 것으로 예상됩니다.

Famous *quotes* in English

The best way to change the world is
to change yourself.
(세상을 바꾸는 최고의 방법은 자신을 바꾸는 것이다.)

— 작자 미상

4.

문의, 질문, 답변

75 be curious if

예문 I **was curious if** you would tell me a few things about your services.

* I was curious if: ~해 주실 수 있는지 궁금합니다 (= I was wondering if), 즉, 무엇을 부탁할 때 과거형이 정중한 표현임

해석 귀사의 서비스에 대해 몇 가지 사항을 말씀해 주실 수 있는지 궁금합니다.

(76) repair and return policy

예문 I would like to be told about your **repair and return policy.**

> * repair and return policy: 하자 보완 및 반품 정책, 수선 및 반송 정책,
> 즉, 무역 계약에서 자주 사용하는 거래 조건임

해석। 귀사의 수리 및 반품 정책에 관해 듣고 싶습니다.

---

(77) would like to know if

예문 We **would like to know if** there is any possibility to further our trade links in this new marketing strategy.

> * We would like to know if: ~할 수 있는지 여쭙고자 합니다
> * trade links: 통상 관계, 사업 관계, 거래 관계 (= business relations)
> * further: 진전시키다 (= progress, advance), 촉진시키다 (= promote, encourage), 더 나아가다

해석। 저희는 귀하께서 이 새로운 마케팅 전략에 참여하여 저희와 함께 사업 관계를 더욱 발전시킬 수 있는 가능성이 있는지 여쭙고자 합니다.

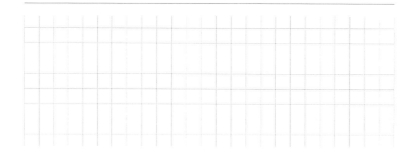

(78) make a large order

예문 We'd like to know more information about your products and **make a large order** from your company.

> * **make a large order**: 대량 주문을 내다 (= place a large order, make mass order, make bulk order)

해석 | 귀사의 제품에 대해 추가적인 정보를 알고 싶으며 대량으로 주문하고 싶습니다.

---

(79) have a quick question

예문 I **have a quick question** before we finish our call.

> * **have a quick question**: 잠깐 질문을 하다, 간단한 질문을 하다

해석 | 통화를 마치기 전에 잠깐 질문이 있습니다.

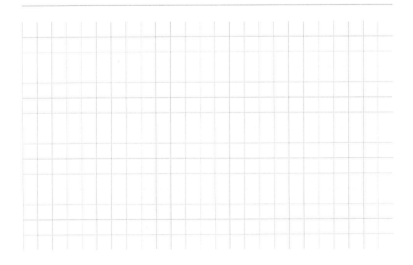

(80) be familiar with

예문 Since you **are familiar with** this industry very well and have so many channels, I wonder if you can introduce some clients to me.

* **be familiar with**: 잘 알다 (= be well acquainted with), 이해하다 (= understand)
* **introduce**: 소개하다 (= give an introduction), (신제품 등)을 선보이다, (제도, 법률 등)을 도입하다 (= bring in)

해석| 귀하께서 이 산업에 대해 매우 해박하시고 많은 경로를 알고 계시기에 혹시 제게 새로운 고객을 소개시켜 주실 수 있는지 궁금합니다.

---

(81) don't hesitate to

예문 If you have any questions about the new arrivals, please **don't hesitate to** call us.

* **new arrivals**: 신제품 (= new items), 신상품 (= new goods)
* **don't hesitate to**: 편하게 ~하다, 부담 없이 ~하다 (= feel free to)

해석| 신제품들에 대해 궁금하신 점 있으시다면 편하게 연락 주시길 바랍니다.

(82) walk through

예문 I was wondering if you could **walk** us **through** the process your company does.

> * **I was wondering if**: ~해 주실 수 있는지 궁금합니다 (= I was curious if), 즉, 무엇을 부탁할 때 과거형이 정중한 표현임
> * **walk through**: (업무 등의 절차)를 자세히 설명해 주다 (= expound, explain in detail), 안내하다 (= guide)

해석 l 귀하께서 수행하시는 업무 프로세스를 자세히 설명해 주실 수 있는지 궁금합니다.

---

(83) meet one's need

예문 Please check out your inventory and tell us whether the supplies can **meet our need**.

> * **check out**: 확인하다 (= confirm), 조사하다 (= investigate), 계산하다 (= calculate)
> * **meet one's need**: ~의 수요를 충족시키다, ~의 필요를 만족시키다 (= satisfy one's need)

해석 l 제품의 재고를 확인해 주시고, 저희의 수요를 충족시킬 만큼 공급이 될지 알려 주시길 바랍니다.

(84) rewarding relationship

예문 We look forward to a mutually **rewarding relationship** with you.

> * look forward to: ~를 고대하다, ~을 기대하다 (= anticipate, expect)
> * rewarding relationship: 이익 관계, 도움이 되는 관계

해석 | 귀하와 상호 도움이 되는 관계가 되길 기대합니다.

---

(85) at one's earlier convenience

예문 If you need more information, please let us know **at your earlier convenience.**

> * at one's earlier convenience: 가급적 빨리, 가능한 편한 시간에 (= as soon as possible, as early as possible)

해석 | 좀 더 많은 정보가 필요하실 경우, 가급적 빨리 저희 측에 알려 주셨으면 합니다.

---

(86) for one's reference

예문 Here attached is a list of our products and price **for your reference.**

> * attach: (파일, 문서 등)을 첨부하다 (= append), (라벨, 설명, 조건 등)을 붙이다, (부서 등에) ~을 배속하다
> * for one's reference: 참고로, ~의 참고를 위해

해석 | 참고하시라고 당사의 제품과 가격 리스트를 첨부했습니다.

---

(87) too much on one's plate

예문 I have **too much on my plate**. Let's revisit the issue another time.

> * too much on one's plate: ~에게 일이 많은 (= be very busy)
> * revisit: (제안, 아이디어 등)을 재고하다, 다시 논의하다 (= circle back), 다시 살펴보다

해석 | 제가 지금 하는 일이 너무 많습니다. 다음 기회에 그 문제에 대해서 다시 살펴보기로 하죠.

---

(88) apply to

예문 The customer only has to **apply to** our customer service department.

> * apply to: ~에 의뢰하다, 신청하다 (= register, subscribe), 문의하다 (= inquire, ask), ~에 적용되다, 해당되다

해석 | 고객님께서는 저희 고객 서비스 부서로 접수만 해 주시면 됩니다.

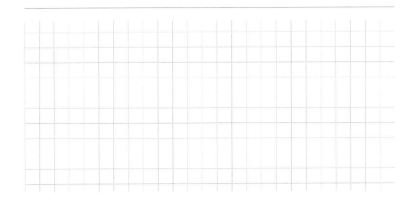

(89) go the extra mile to

예문 We always **go the extra mile to** meet our customers' expectations.

> * go the extra mile to: ～하기 위해 전력을 다하다 (= exert one's best efforts to), 최선을 다하다 (= give one's best shot)

해석 | 저희는 고객의 기대에 부응하기 위해 항상 최선을 다해 노력하고 있습니다.

---

(90) get back on track

예문 We finally submitted the report. I think we are **getting back on track.**

> * get back on track: 정상 궤도로 돌아오다, 본론으로 돌아가다 (= return to the subject, get back to business)

해석 | 마침내 보고서를 제출했네요. 이제 정상 궤도로 돌아온 것 같습니다.

---

(91) in response to

예문 **In response to** your previous email, here is some additional information.

> * In response to: ～에 대한 답으로 (= in answer to), ～에 응하여, ～에 답하여 (= in reply to)

해석 | 지난번 보내 주신 메일에 대한 답으로 추가 정보를 드립니다.

---

(92) turn out fine

예문 I can assure you that everything will **turn out fine**.

- **assure**: ~에게 보증하다 (= guarantee), 확신시키다 (= convince)
- **turn out fine**: 잘되다 (= go well, work out well), 잘 마무리되다 (= end up all right)

해석ㅣ 모든 것이 잘 마무리될 것이라는 것을 당신에게 확신드릴 수 있습니다.

---

(93) reach out

예문 Don't hesitate to **reach out** to me if you have any questions or concerns.

- **reach out**: 연락하다 (= get in touch with, contact)

해석ㅣ 궁금한 점이나 문제가 있으면 언제든지 연락 주세요.

---

(94) be up all night

예문 I **was up all night** working on this new pilot program.

- **be up all night**: 밤을 꼬박 지새우다 (= stay up all night)
- **pilot program**: 시험 제작 프로그램, 즉, 시장 수요 등을 파악하기 위해 제작하는 샘플 프로그램

해석ㅣ 새로운 시험 프로그램 때문에 밤을 꼬박 지새웠어요.

---

(95) end well

예문 There were a few hiccups, but the project **ended well**.

> * hiccup: 소소한 문제 (= trivial matter), 딸꾹질 (= hiccough)
> * end well: 잘 끝나다, 끝을 잘 맺다 (= come to a good end)

해석 l 몇 번의 고비가 있었지만, 프로젝트는 잘 끝났어요.

---

(96) call the shots on

예문 I'm not in the position to **call the shots on** these cases.

> * be in the position to: ~할 상황에 처해 있다, ~할 위치에 있다
> * call the shots on: ~에 대해 명령하다 (= command), 지휘하다 (= direct), 감독하다 (= supervise)

해석 l 저는 이런 문제들을 지휘할 위치에 있지 않습니다.

---

(97) point out

예문 The engineering manager **pointed out** some technical constraints.

> * point out: ~을 지적하다, 가리키다 (= direct, indicate), 주목하다
> * technical constraint: 기술적 제약, 기술적 제한 (= technical restriction)

해석 l 엔지니어링 관리자가 몇 가지 기술적 제약 사항을 지적했습니다.

비즈니스 영어 핵심 패턴 500

(98) meet requirement

예문 I am afraid that your submission doesn't **meet** our current technical quality **requirements**.

* **submission**: (계획, 제안 등의) 제출 서류 (= submission documet), (서류 등의) 제출, (요구 등에) 복종, 굴복
* **meet requirement**: 요구 조건을 충족시키다 (= satisfy need)

해석 | 안타깝게도 귀사가 제출한 서류는 당사의 현재 기술 품질 조건에 미달하였습니다.

(99) get back to

예문 I will review your proposal and **get back to** you as soon as I can.

* **review one's proposal**: (사업 계획, 계약, 거래 등)의 제안서를 검토하다
* **get back to**: ~에게 다시 연락하다, (원래의 화제, 주제, 상태, 상황 등으로) 되돌아가다

해석 | 귀하의 제안서를 검토한 후 가능한 빨리 답변드리겠습니다.

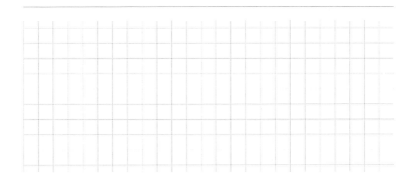

(100) make a comparison with

예문 After seeing the materials you send to us, we will **make a comparison with** other companies.

> * material: 몡자료 (ex. reference materials, 참고 자료), 용도, 도구, 재료, 물질 휑중요한
> * make a comparison with: ~와 비교하다 (= compare)

해석 | 저희에게 보내 주신 자료를 살펴본 후에 다른 회사들과 비교를 할 것입니다.

---

(101) go south

예문 If things **go south**, I will let you know.

> * go south: 상황이 악화되다 (= get worse), 일이 잘못되다 (= go wrong), 좋지 않은 방향으로 가다

해석 | 일이 잘못되면 당신에게 알려 줄게요.

---

(102) carry out

예문 We've got the green light to **carry out** this project.

> * get the green light to: ~할 허가를 얻다, ~할 청신호를 얻다
> * carry out: ~을 수행하다 (= accomplish, execute), 완수하다 (= fulfill)

해석 | 이 프로젝트를 수행하라는 허가를 받았습니다.

(103) be faced with

예문 Let me know any blockers or challenges that you might **be faced with**.

* **be faced with**: ~에 직면하다 (= be confronted with, be faced by)
* **blockers or challenges**: 방해물 또는 난제

해석| 귀하께서 직면할 수 있는 방해물이나 어려움이 있으면 알려 주세요.

---

(104) hands are tied

예문 I'd help you if I could, but my **hands are tied**.

* **hands are tied**: 손쓸 방법이 없다, 어쩔 수가 없다 (= can not help ~ing), 몹시 바쁘다 (= be very busy)

해석| 도울 수만 있다면 도와 드리겠지만, 제가 어떻게 할 수 없는 사안입니다.

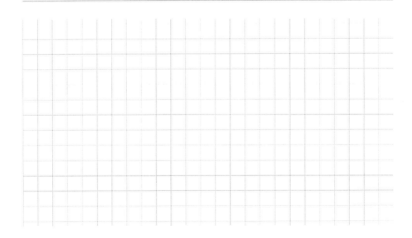

(105) be of assistance

예문 Please call or email me if I can **be of assistance** in any way possible.

> * if I can be of assistance: 제가 도움을 드릴 수 있다면 (= if I may be of help)
> * in any way possible: 어떠한 방법으로든 (= anyhow), 어떻게든 (= by any means)

해석 | 어떤 방법으로든 제가 도움을 드릴 수 있다면 전화 또는 이메일로 제게 연락 주시기 바랍니다.

---

(106) from many different angles

예문 We can't accept your proposal although we have considered it **from many different angles**.

> * from many different angles: 많은 다양한 각도에서, 여러 많은 각도에서

해석 | 귀하의 제의를 여러 가지 다른 각도에서 고려해 보았으나 받아들일 수가 없습니다.

(107) pledge to

예문 We **pledge to** work harder to eliminate even the slightest possibility of such failure.

> * **pledge to**: ~할 것을 약속하다 (= promise, make an appointment), 서약하다, 맹세하다
> * **work harder to**: ~하기 위해 더욱 노력하다, 열심히 일하다

해석 | 이러한 실낱같은 실패의 가능성마저 제거할 수 있도록 더욱 노력할 것을 약속드리겠습니다.

---

(108) in one's favor

예문 We will open an irrevocable L/C **in your favor** as per your request.

> * **irrevocable**: 취소할 수 없는 (↔ revocable), 변경할 수 없는
> * **L/C**: 신용장 (= Letter of Credit), 즉 수입업자의 요청에 따라 수입업자가 거래하는 은행에서 수출업자가 발행하는 환어음의 결제를 보증하는 문서
> * **in one's favor**: ~에 이익이 되도록, ~를 수익자로 한
> * **as per one's request**: ~의 요청에 따라, ~의 요청대로

해석 | 귀하의 요청에 따라 귀하를 수익자로 한 취소 불능 신용장을 개설하겠습니다.

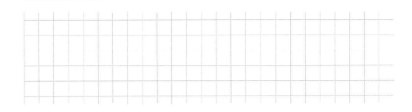

(109) attach great importance to

예문 Needless to say, we **attach great importance to** your order.

> * Needless to say: 말할 필요도 없이, 말하나 마나
> * attach great importance to: ~에 대해 매우 중요하게 생각하다, ~에 중점을 두다 (= set importance on)

해석ㅣ 말할 필요도 없이 저희는 귀하의 주문을 매우 중요하게 생각하고 있습니다.

---

(110) to no effect

예문 We have tried to take some measures to tackle the problem, but **to no effect**.

> * tackle: (어려운 문제 등)에 대처하다 (= cope with), ~을 다루다 (= handle, deal with)
> * to no effect: 효과가 없는 (= without effect, ineffective, in vain)

해석ㅣ 저희는 계속해서 이 문제를 해결하는 방법들을 시도해 보았으나 효과가 없었습니다.

비즈니스 영어 핵심 패턴 500

(111) for one's information

예문 Please find attached the updated draft agenda **for your information.**

> * **Please find attached:** (이메일에 명세서, 목록 등)을 첨부하였습니다 (= Attached please find)
> * **for one's information:** ~의 참고용으로, ~의 참조를 위해

해석 | 참고하시라고 업데이트된 안건 초안을 첨부하였습니다.

---

(112) whatever it takes

예문 I'll do **whatever it takes** to get the job.

> * **whatever it takes:** 무슨 일이 있더라도, 어떻게 해서라도

해석 | 그 일자리를 얻기 위해서라면 무슨 일이든 하겠습니다.

---

(113) original signed copy

예문 Enclosed is an **original signed copy** of our contract.

> * **Enclosed be ~:** (편지에 제품 목록 등)을 동봉하다 (= Please find enclosed)
> * **original signed copy:** 서명된 원본 (= original executed copy)

해석 | 우리 계약서에 서명이 된 원본을 동봉합니다.

---

(114) in a good state

예문 Normally, the accessories need to be changed nearly every half a year in order to keep the machine **in a good state**.

* Normally: 일반적으로, 보통으로 (= commonly), 정상적으로
* in a good state: 좋은 상태로 (= in good condition)

해석ㅣ 일반적으로, 기계를 좋은 상태로 유지하기 위해서는 부속품을 반년마다 교체해 주셔야 합니다.

---

(115) roughly speaking

예문 **Roughly speaking**, we have to pay seven hundred dollars for the car repair.

* Roughly speaking: 개괄적으로 말하면 (= generally speaking), 일반적으로 말하면 (= broadly speaking)

해석ㅣ 개괄적으로 말해서, 우리는 700달러의 차 수리비를 지불해야 합니다.

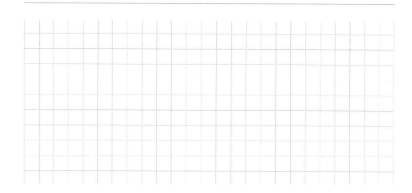

(116) contrary to

예문 However, **contrary to** all expectations, these measures actually have little or no effect.

> * **contrary to**: ~와는 반대로 (= against, in opposition to)
> * **measure**: 수단, 방책, 방법 (= method), 치수, 척도, 조처

해석 | 그러나 예상했던 것과는 반대로, 이런 방법은 거의 효과가 없었습니다.

---

(117) come along

예문 My report is taking some time, but it's **coming along**.

> * **come along**: (원하는 대로) 되어 가다, 나아지다 (= progress)

해석 | 보고서 작성에 시간이 좀 걸리긴 하지만 잘 진행되고 있어요.

Famous quotes in English

The only difference between success and failure is
the ability to take action.
(성공과 실패의 차이는 오직 행동으로 옮기는 능력에 있다.)

— Alexander Graham Bell

5. 부탁, 요청, 당부

(118) pay extra attention to

예문 Please **pay extra attention** not **to** make any errors in your reports and proposals.

> * pay extra attention to: ~에 특별히 신경 쓰다, 주의하다 (= take notice of, take care of)

해석ㅣ보고서와 제안서에 오류가 없도록 특별히 신경 써 주세요.

(119) appropriate staff

예문 I would like to meet you and the **appropriate staff** in person to discuss this issue further.

* **appropriate staff**: 적합한 직원, 담당 직원 (= person in charge)
* **in person**: 직접 (= directly, firsthand), 몸소, 친히, 스스로 (= personally)

해석| 이 문제를 더 논의하기 위해 귀하와 담당 직원을 직접 뵙고 싶습니다.

---

(120) email one back

예문 So please **email me back** at your earliest convenience.

* **email one back**: ~에게 이메일로 답하다, 회신하다 (= reply to one's email)
* **at one's earliest convenience**: 편할 때 가능한 한 빨리 (= as soon as possible, asap)

해석| 따라서 최대한 빠른 시일 내에 이메일로 회신해 주세요.

---

(121) take a look at

예문 I have just finished preparing the first draft of the contract. Please **take a look at** it.

* **first draft**: (계약서, 연설문 등의) 초안, 초고 (= rough draft)
* **take a look at**: 한 번 보다, 살펴보다, 알아보다, 검사해 보다

해석| 계약서 초안 작성을 방금 완료했으니 한 번 봐 주십시오.

---

(122) be expected to

예문 You **are expected to** make sure that we can receive the goods before mid-January.

> * **be expected to**: ~을 하도록 요구되다 (= be required to, be demanded to), 기대되다
> * **make sure that**: ~임을 확인하다, 반드시 ~하다

해석 | 1월 중순 안에 저희가 상품을 확실히 받을 수 있게 해 주시기 바랍니다.

---

(123) be honored if

예문 We will **be** very **honored if** you can come up with some instructive advice for us.

> * **be honored if**: ~라면 영광스럽게 생각하다, ~라면 영광이다
> * **come up with**: ~을 만들어 내다, 생각해 내다, 제시하다
> * **instructive advice**: (본받을 점이 많은, 도움이 되는, 유익한, 교육적인) 조언, 충고

해석 | 귀하께서 저희를 위해 유익한 조언을 주실 수 있으면 매우 영광일 것입니다.

(124) for one thing

예문 **For one thing,** the process of putting a business plan into writing will force us to think about what we're doing and where our business is headed.

> * For one thing: 우선은 (= first of all), 하나로는, 첫째로는
> * put a business plan into writing: 사업 계획서를 작성하다
> * force one to: 누구에게 ~하게 하다 (= get one to)

해석ㅣ우선 사업 계획서를 작성하는 과정에서 우리는 현재 진행 중인 사업과 사업 방향 등을 생각해 보게 될 것입니다.

---

(125) make sure

예문 Please **make sure** that you have more than one contingency plan.

> * make sure that: ~임을 확인하다, 반드시 ~하다 (= be bound to)
> * contingency plan: 비상 계획 (= emergency plan), 비상 대책

해석ㅣ하나 이상의 비상 대책을 가지고 있는지 확인하세요.

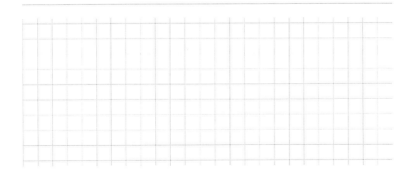

(126) as a attachment

예문 If you have any additional information on your products, please forward it to us **as a attachment**.

* forward: 통(이메일, 메시지 등)을 다른 사람에게 보내다, 전송하다 부앞으로, 전방에 명공격수, 포워드
* as a attachment: 첨부 파일로 (= as an attached file)

해석| 귀사의 제품에 관한 추가 정보를 가지고 계시면, 첨부파일로 저희에게 전송해 주시기 바랍니다.

---

(127) for further information

예문 **For further information**, please don't hesitate to contact me.

* For further information: 정보가 더 필요하면, 더 많은 정보를 원하면 (= If you need more information)
* don't hesitate to: 주저하지 않고 ~하다 (= feel free to)

해석| 정보가 더 필요하시면, 제게 연락 주시기 바랍니다.

(128) put up with

예문 We have to **put up with** until the work gets on the track.

> * **put up with**: 견디다, 참다 (= endure, tolerate, stand), 받아들이다 (= accept, reconcile)
> * **get on the track**: (일, 생산 등이) 궤도에 오르다 (= get under way)

해석ㅣ 우리는 일이 궤도에 오를 때까지 참아야 합니다.

---

(129) inquire into

예문 We need to **inquire into** reasonable analytics solutions this afternoon.

> * **inquire into**: 조사하다 (= investigate, look into, examine)
> * **analytics solutions**: 분석 솔루션, 분석 해법 (= analytical solutions)

해석ㅣ 우리는 오늘 오후에 괜찮은 분석 솔루션을 조사해야 합니다.

---

(130) have a quick word with

예문 I would like to **have a quick word with** you.

> * **have a quick word with**: ~와 잠깐 얘기를 하다, 간단한 대화를 하다

해석ㅣ 귀하와 잠깐 얘기 좀 하고 싶어요.

---

(131) do one favor

예문 I hope you can **do** me **this favor** in view of our situation.

* **do one favor**: ~에게 부탁을 들어주다 (= grant a favor)
* **in view of**: ~을 고려해서 (= in consideration of)

해석ㅣ 저희 사정을 고려해서 부탁을 들어주실 수 있길 바랍니다.

---

(132) unauthorized personnel

예문 You shall not disclose confidential information to any **unauthorized personnel**.

* **disclose confidential information**: 비밀 정보를 공개하다, 비밀을 드러내다
* **unauthorized personnel**: 인가받지 않은 직원, 권한이 없는 사람 (= unauthorized person)

해석ㅣ 귀하께서는 권한이 부여되지 않은 어떤 사람에게도 비밀 정보를 공개해서는 안 됩니다.

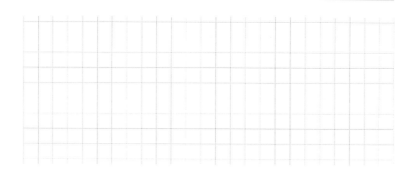

(133) drop the ball

예문 Can you give me a hand? I really don't want to **drop the ball**.

> * give one a hand: ~을 도와주다, 돕다 (= help, assist)
> * drop the ball: 실수하다 (= mistake), 실패하다, 일을 그르치다

해석| 저 좀 도와주시겠어요? 정말 일을 망치고 싶지 않습니다.

---

(134) to one's advantage

예문 We believe it is **to your advantage** to accept this offer without loss of time.

> * to one's advantage: ~에게 유리하게, ~의 이익이 되도록
> * without loss of time: 지체 없이 (= without delay), 당장에 (= promptly), 즉시 (= immediately)

해석| 당사는 귀사가 지체 없이 이 오퍼를 수락하는 것이 이익이라 믿습니다.

---

(135) workflow issue

예문 I have some **workflow issues** and cannot help you until next week.

> * workflow issue: 업무의 흐름 또는 작업 진행 과정에서의 문제

해석| 업무 진행에 문제가 있어서 다음 주까지는 도와 드릴 수 없을 것 같습니다.

---

(136) keep me posted on

예문 Please **keep me posted on** how things are going while I am away.

* **Keep one posted on**: (최신 정보, 일의 진행 상황 등)을 지속적으로 알려 주다 (= keep one updated on), 전해 주다
* **be away**: 부재중이다, (직장, 집 등에서) 떨어져 있다

해석 | 제가 없는 동안 일이 어떻게 진행되어 가는지를 지속적으로 알려 주십시오.

---

(137) I would be grateful if

예문 I **would be grateful if** you could send me the updated manual.

* **I would be grateful if**: ~해 주시면 감사하겠습니다 (= It would be appreciated if, I would appreciate it if)

해석 | 최신 설명서를 보내 주시면 감사하겠습니다.

---

(138) go out for drinks

예문 Don't forget we are all **going out for drinks** after work today.

* **go out for drinks**: 술 마시러 나가다 (= go out drinking)

해석 | 오늘 퇴근하고 다 같이 술 마시러 가는 거 잊지 마세요.

---

(139) be tied up

예문 I'm sorry, but I'm **a little tied up** right now.

> * **be tied up**: (꼼짝 못 할 정도로) 바쁘다 (= be very busy), 얽매이다, 스케줄이 꽉 차 있다

해석ㅣ 미안합니다만 제가 지금은 좀 바빠서요.

---

(140) take off

예문 I need to run some errands, so I would like to **take** a half-day **off**.

> * **run errands**: 심부름을 하다 (= do errands), 잔일들을 처리하다
> * **take off**: (특정 기간) 동안 쉬다, 휴가를 내다

해석ㅣ 처리할 일들이 있어, 반나절 휴가를 내었으면 합니다.

---

(141) keep a watchful eye on

예문 As a project manager, you need to **keep a watchful eye on** both external and internal changes.

> * **keep a watchful eye on**: ~을 주의 깊게 보다, 예의 주시 하다
> * **external and internal change**: 내·외부 변화, 안팎의 변동

해석ㅣ 프로젝트 관리자로서 외부 및 내부 변동에 대해 주시해야 합니다.

---

(142) get settled in

예문 I think I need your assistance until **get settled in** my job.

> * **need one's assistance**: ~의 지원(또는 도움)을 필요로 하다
> * **get settled in**: ~에 자리 잡다, 안착하다, 정착하다, 적응하다

해석 | 제 일이 자리 잡힐 때까지 당신의 도움이 필요할 것 같아요.

---

(143) send back

예문 Please take a few minutes to fill out the questionnaire I attached below, and remember to **send** it **back** after finishing it.

> * **take a few minutes**: 조금의 시간을 할애하다, 조금의 시간을 내다
> * **fill out the questionnaire**: 설문지를 작성하다, 채우다, 기입하다 (= fill in, enter)
> * **send back**: ~을 돌려주다 (= pay back, return), 되돌려보내다

해석 | 아래에 첨부된 설문지 작성을 위해 시간을 조금 내주시기 바라며, 설문지를 작성하신 후에 저희에게 다시 보내 주시는 것을 잊지 말아 주시기 바랍니다.

Famous quotes in English

The ocean is made of drops.

(바다는 작은 물방울들이 모여 이루어진다.)

— Theresa

6. 공지, 안내, 일정

(144) be aware that

예문 You must **be** well **aware that** no vacancy in the department is available.

* **be aware that**: ~임을 알다 (= be aware of), 인지하다 (= recognize, perceive), 이해하다 (= understand)
* **vacancy**: 공석, 결원, 빈자리 (= opening, vacant post)
* **available**: 이용할 수 있는 (= utilizable), 유효한 (= in effect), 구입 가능한, 시간이 있는, 형편이 되는, 시간을 낼 수 있는

해석ㅣ잘 알고 계시는 것처럼 이 부서에는 공석이 없습니다.

(145) have meant to

예문 Our company **has meant to** increase the export volume of electronic products.

> * **have meant to**: ~할 예정이다 (= intend to), 작정이다
> * **export volume**: 수출량, 수출 물량 (↔ import volume)

해석 l 저희 회사가 전자 제품의 수출량을 늘리기로 했습니다.

---

(146) in advance

예문 If there is any change to the date of the meeting, please inform the conventioneers **in advance**.

> * **conventioneer**: (대회, 회의 등의) 참가자, 참석자 (= attendee), 출석자
> * **in advance**: 미리, 사전에 (= beforehand, ahead of time)

해석 l 미팅 일자에 변경 사항이 있으면 참석자들에게 사전에 알려 주시기 바랍니다.

---

(147) be on call

예문 The system manager must **be on call** tonight for any emergency.

> * **be on call**: (비상시를 위해) 대기 중이다 (= be on standby)
> * **for any emergency**: 만일의 상황에 대비해, 비상시를 위해

해석 l 오늘 밤 비상 상황에 대비해 시스템 매니저가 대기 근무를 해야 합니다.

---

(148) weekly status

예문 Don't forget to update your **weekly status** by EOD tomorrow.

> * EOD: End of Day의 약어, 일과 종료
> * weekly status: 주간 상황, 주간 현황, 주간 일지 (= weekly status report)

해석ㅣ 내일 업무 종료까지 주간 업무 일지 업데이트하는 것을 잊지 마세요.

(149) drill down into

예문 We can further **drill down into** this topic when we meet again next week.

> * drill down into: ~을 자세히 알아보다, 검토하다 (= examine, go over)

해석ㅣ 다음 주에 다시 만나면 이 주제에 대해 더 자세히 알아볼 수 있습니다.

(150) around one's schedule

예문 Let's set up lunch appointment **around your schedule.**

> * set up: 준비하다 (= arrange, prepare), 정하다, 설립하다
> * around one's schedule: ~의 일정에 맞추어 (= according to one's schedule)

해석ㅣ 귀하의 일정에 맞추어 점심 약속을 잡도록 하지요.

(151) get a chance to

예문 I would like to **get a chance to** look over the contract as soon as possible.

* get a chance to: ~할 기회를 얻다, ~을 해 보다
* look over: 검토하다 (= review, go over), 살펴보다, 훑어보다

해석 | 가능한 빨리 이 계약서를 검토할 기회를 갖고 싶습니다.

---

(152) just a friendly reminder

예문 **Just a friendly reminder**, we have the March all-hands meeting tomorrow.

* Just a friendly reminder: 다시 한 번 알려 주다, 혹시나 해서 상기시키다
* all-hands meeting: 전 직원 회의, 전원 회의

해석 | 내일 3월 전 직원 회의가 있다는 것을 혹시나 해서 다시 알려 드립니다.

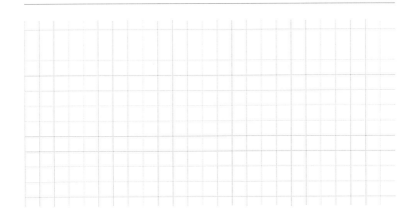

(153) come to an end

예문 This is a gentle reminder that your software development contract with us will **come to an end** in December.

* This is a gentle reminder that: ~을 정중히 상기시키다
* come to an end: 끝나다, 종료되다 (= expire, be brought to an end)

해석 | 저희 회사와 귀사 간의 소프트웨어 개발 계약이 12월에 종료될 예정임을 정중히 상기시켜 드립니다.

---

(154) subscribe to

예문 Each shareholder shall **subscribe to** any newly issued shares of the Company on the basis of its then existing shareholding ratio.

* subscribe to: ~에 서명하다 (= sign), 신청하다 (= apply), 청약하다
* on the basis of: ~을 기준으로, ~을 근거로 (= based on), ~을 바탕으로
* then existing: 그 당시에 존재하는, 당시의, 그 당시에 유효한 (= be valid at that time), 기존의

해석 | 각 주주는 그 당시의 주식 보유 비율을 기준으로 회사의 새로 발행된 주식을 청약해야 한다.

(155) be forced to

예문 I'm sorry, but we are going to **be forced to** raise our prices due to an increase in transportation charges.

> * **be forced to**: 어쩔 수 없이 ~하다 (= be obliged to), 부득이 ~하다 (= be compelled to)
> * **due to**: ~ 때문에 (= because of), ~에 기인하는 (= attributable to)
> * **transportation charge**: 운송 요금 (= transport fare), 운송비 (= shipping expense), 수송 비용

해석 | 죄송하지만 운송료 인상으로 부득이하게 가격을 인상하게 되었습니다.

---

(156) on the way out

예문 If you need a parking validation, visit the reception **on the way out**.

> * **validation**: 확인 (= identification), 비준 (= ratification), 인준, 승인 (= approval)
> * **on the way out**: 나갈 때 (= when you go out), 떠날 때

해석 | 주차 확인증이 필요하시면 나가실 때 안내 데스크를 들르세요.

(157) carbon copy (cc)

예문 I cc'ed the whole marketing team on this email.

> * cc: 통~을 참조로 추가하다 (= carbon copy), 보내다 명참조

해석 │ 마케팅팀 전체를 이 이메일에 참조로 추가했습니다.

---

(158) on the same page

예문 Let's talk to the VP to ensure that we are **on the same page**.

> * VP: Vice President의 약어, 부사장
> * ensure that: 반드시 ~하다 (= be sure to), 분명히 ~하다, 확실히 ~하다 (= be certain to)
> * on the same page: 마음이 잘 맞는, 같은 생각인, 동일한 의견을 가진

해석 │ 부사장님이 우리와 같은 생각인지 이야기해 보겠습니다.

---

(159) just a quick email to

예문 **Just a quick email to** let you know that I won't be joining the meeting today.

> * Just a quick email to: ~을 하기 위해 간단하게 이메일을 쓰다

해석 │ 제가 오늘 회의에 참석하지 못하는 것을 알려 드리려고 간단하게 이메일을 씁니다.

---

(160) specific schedule

예문 The **specific schedule** for the next stage is to be determined in a few days.

> * **specific schedule**: 상세한 일정 (= detailed schedule), 구체적인 계획 (= spectific plan)
> * **be determined**: 결정되다 (= be settled, be fixed)

해석 | 다음 단계의 구체적인 일정은 가까운 시일 내에 결정될 예정입니다.

---

(161) tourist attractions

예문 We would like to show you some **tourist attractions** in Seoul during your stay.

> * **would like to**: ~하고 싶다 (= would love to), ~하기를 바라다
> * **tourist attractions**: 관광 명소 (= great place to visit), 볼거리, 즐길 거리

해석 | 서울에 머무르시는 동안 제가 관광지 몇 곳을 보여 드리고 싶습니다.

---

(162) temporary setback

예문 There has been a **temporary setback** in our plans.

> * **temporary setback**: (일정, 계획 등의) 일시적 차질, 방해, 좌절 (= frustration)

해석 | 우리 계획에 일시적인 차질이 생겼어요.

---

(163) in the days to come

예문 We will try to produce some new and original goods **in the days to come**, and hope you will be interested in these new items.

> * in the days to come: 향후, 앞으로 (↔ in days gone by), 가까운 미래에 (= in the near future), 조만간

해석 저희는 조만간 몇 가지 새롭고 독창적인 제품을 생산할 것입니다. 귀하께서 그 상품들에 흥미를 느끼시기를 바랍니다.

---

(164) after careful consideration

예문 **After careful consideration**, I regret I must terminate a business partnership with you.

> * After careful consideration: 심사숙고 끝에 (= deep meditation), 신중히 고려한 끝에
> * terminate a business partnership with: ~와의 사업 관계를 끝내다 (= finish a business relation with)

해석 심사숙고 끝에 유감스럽게도 귀사와의 거래 관계를 종료하게 되었습니다.

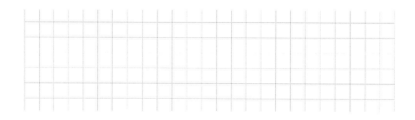

비즈니스 영어 핵심 패턴 500

165) way behind schedule

예문 Embarrassingly, I am **way behind schedule** and cannot meet the deadline.

* embarrassingly: 당혹스럽게도 (= unfortunately, bewilderingly)
* way behind schedule: 예정보다 많이 늦는, 계획보다 훨씬 뒤처지는

해석 | 당혹스럽습니다만, 저는 일정보다 많이 늦어져 마감일을 맞출 수 없습니다.

---

166) come up

예문 I was supposed to finish it by EOW, but something urgent **came up**.

* be supposed to: ~하기로 되어 있다 (= be required to), ~할 의무가 있다 (= be obliged to)
* EOW: End of Week의 약어, 주말 (= weekend)
* come up: (일, 약속 등이) 갑자기 생기다, 발생하다 (= occur, happen)

해석 | 주말까지 끝내기로 했는데 급한 일이 생겼습니다.

(167) have doubt in

예문 If you **have** any **doubt in** operating this machine, please contact our technician.

> * have doubt in: ~에 문제가 생기다, ~에 의문을 가지다

해석 | 이 기계를 작동하는 데 문제가 생기면 저희 기술자에게 연락하시길 바랍니다.

(168) set up a call

예문 Please **set up a call** with the new client to negotiate the price.

> * set up a call: 전화 통화를 준비하다, 전화 미팅을 잡다 (= arrange a call)
> * negotiate the price: 가격 조건을 협상하다

해석 | 새로운 거래처와 가격 협상을 위해 전화 미팅을 잡아 주시면 좋겠습니다.

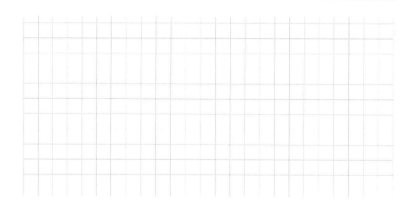

비즈니스 영어 핵심 패턴 500

(169) sync up with

예문 We plan to **sync up with** the product leader after the stakeholder meeting.

> * **sync up with**: ~와 맞아떨어지다, 동조화하다 (= synchronize with), ~와 만나다 (= meet with)
> * **stakeholder meeting**: 이해 관계자 회의, 주주 회의

해석 | 주주 회의 후 제품 책임자와 만날 계획입니다.

---

(170) be more than happy to

예문 If this isn't good time, I'd **be more than happy to** reschedule the meeting.

> * **be more than happy to**: 기꺼이 ~하다 (= be willing to)
> * **reschedule**: (일정, 기한 등)을 재조정하다, 다시 잡다, 변경하다 (= change, alter)

해석 | 시간이 안 된다면 기꺼이 미팅 일정을 다시 잡겠습니다.

---

(171) think up

예문 I'll get the design department to **think up** some prototypes.

> * **think up**: ~을 고안하다 (= devise), 생각해 내다 (= come up with)

해석 | 디자인 부서에 몇 가지 견본을 만들어 보라고 하겠습니다.

---

(172) make it

예문 We have rescheduled the plan to another day since we can't **make it** at the scheduled time.

* **reschedule**: (일정, 계획 등)을 변경하다 (= alter, change), 조정하다 (= adjust)
* **make it**: 시간을 맞춰 가다, 성공하다 (= success), 해내다 (= manage to), 참석하다 (= attend)

해석 | 당사는 예정된 시간에 맞출 수 없기 때문에 다른 날로 계획을 변경하였습니다.

(173) put on hold

예문 The project manager is on PTO until next week, so we have to **put** the project **on hold**.

* **PTO**: Paid Time Off의 약어, 유급 휴가, 유급 휴일
* **put on hold**: ~을 보류하다, 연기하다 (= defer, delay, postpone)

해석 | 사업 담당자가 다음 주까지 휴가라서, 그 프로젝트를 보류해야 합니다.

비즈니스 영어 핵심 패턴 500

(174) carry through

예문 In order to **carry through** the proposal as soon as possible, I plan to have a meeting with you.

> * carry through: (계획, 생각 등)을 이행하다 (= implement), 실행하다 (= fulfill), 완수하다

해석 | 그 제안을 가능한 빨리 시행하기 위해서 귀하와 미팅을 하고자 합니다.

---

(175) work backward

예문 We need to **work backward** to meet the tight deadline.

> * work backward: 역으로 일하다, 거꾸로 일하다, 뒤로 가다
> * tight deadline: 빠듯한 일정 (= tight schedule), 빡빡한 마감일

해석 | 빠듯한 일정에 맞추기 위해서 일을 역으로 해야 합니다.

---

(176) start off

예문 We will **start off** the project once the proposal is approved.

> * start off: (일, 일정 등)을 시작하다, (일, 일정 등)이 시작되다, 출발하다 (= set off, leave)

해석 | 제안서가 승인되면 그 프로젝트를 시작하겠습니다.

Famous quotes in English

He who believes is strong; he who doubts is weak.

Strong convictions precede great actions.

(믿는 자는 강하고, 의심하는 자는 약하다.

강한 확신은 위대한 행동보다 우선한다.)

— James Freeman Clark

7.

제안, 건의, 협조

(177) bigger picture

예문 It will help if you look at the **bigger picture**.

> * bigger picture: 큰 모습, 큰 그림, 거시적 관점 (= macro viewpoint, ↔ micro viewpoint)

해석। 보다 크게 상황을 보면 도움이 될 것입니다.

(178) boost up

예문 Understanding our colleagues will help **boost up** team dynamics.

> * boost up: 밀어 올리다, 끌어올리다 (= step up), (사기 등)을 높이다, 격려하다 (= encourage)
> * team dynamics: 팀 역학, 팀워크 (= team work)

해석 | 동료를 이해하는 것이 팀워크를 높이는 데 도움이 될 것입니다.

---

(179) fresh outlook

예문 We should hire young people who have a **fresh outlook**.

> * fresh outlook: 참신한 사고방식 (= fresh way of thinking), 신선한 견해 (= fresh point of view)

해석 | 우리는 신선한 시각을 가진 젊은 사람들을 고용해야 합니다.

---

(180) sound like a broken record

예문 I hate to **sound like a broken record**, but the first option is more lucrative.

> * sound like a broken record: 같은 말을 되풀이하다, 반복해서 말하다 (= repeat, tell over and over again)

해석 | 같은 말을 반복하긴 싫지만 첫 번째 선택이 더 수익성이 좋습니다.

---

(181) elevator pitch

예문 You have to prepare your **elevator pitch** before you meet investors.

* **elevator pitch**: (간단하고 명료하게) 요점 말하기, 즉 엘리베이터를 타고 이동하는 정도의 매우 짧은 시간 동안 제품, 서비스, 계획 등에 대해 요약하여 설명하는 말하기 방식을 말함

해석ㅣ투자자를 만나기 전에 엘리베이터 피치를 준비해야 합니다.

---

(182) brush up

예문 I must **brush up** on my coding skills before I join the new team.

* **brush up**: (기술, 학문 등)을 연마하다 (= polish up), 다듬다

해석ㅣ새 팀에 합류하기 전에 코딩 기술을 연마해야 합니다.

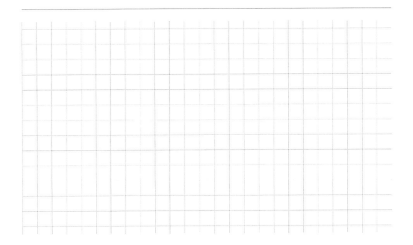

(183) make a contribution to

예문 I feel I could use my skills and experience here to really **make a contribution to** the further growth of the company.

* skill and experience: 능력과 경험, 기능과 경험
* make a contribution to: ~에 기여하다, 공헌하다 (= devote to), 헌신하다 (= contribute)

해석| 회사의 보다 높은 성장을 위해 제 자신의 능력과 경험을 쓰고 싶습니다.

---

(184) think about

예문 I've done some **thinking about** your suggestions.

* think about: ~에 대해 생각하다, 고려하다 (= contemplate)

해석| 당신 제안에 대해서 생각해 봤습니다.

---

(185) be room for

예문 There's always **room for** improvement.

* be room for: ~에 대한 여지가 있다, 여유가 있다 (= afford)
* improvement: 개량, 개선, 향상, 진보 (= progress, advance)

해석| 언제나 개선의 여지는 있습니다.

---

(186) as I expected

예문 **As I expected**, we need to reduce expenses by five percent.

> * As I expected: 예상했던 대로 (= as predicted), 기대했던 대로
> * reduce expense: 경비를 절감하다, 비용을 줄이다 (= cut cost)

해석 | 제가 예상했던 대로 5%의 경비 절감이 필요합니다.

---

(187) comply with

예문 I need to weigh my options before I **comply with** your offer.

> * weigh: 숙고하다, 가늠하다, 고려하다 (= consider, contemplate)
> * comply with: ~을 따르다, 수락하다 (= accept), 준수하다

해석 | 당신의 제안을 수락하기 전에 제가 가진 옵션을 고려해 보아야 합니다.

---

(188) bring in

예문 We need to boost the volume of our exports and **bring** foreign investments **in**.

> * boost: 신장시키다, 밀어 올리다, 부양시키다, 증대시키다
> * bring in: (투자, 지지 등)을 이끌어 내다, 유치하다 (= attract)

해석 | 우리는 수출량을 신장시키고 해외 투자를 유치해야 할 필요가 있습니다.

---

(189) open up

예문 We need to consider a business loan for **opening up** a new store.

> * **business loan**: 기업 대출 (= corporate loan), 사업 융자
> * **open up**: (문, 점포 등)을 열다, (사업 등)을 시작하다

해석ㅣ 신규 점포를 오픈하기 위해 사업 융자를 고려해야 합니다.

---

(190) get down

예문 We need to **get** our expenses **down** this quarter.

> * **get down**: ~을 줄이다 (= reduce, curtail, decrease)

해석ㅣ 이번 분기에는 지출을 줄여야 합니다.

---

(191) align with

예문 We need to **align with** the professional service department on this issue.

> * **align with**: ~와 제휴하다, 동맹을 맺다, 조율하다 (= tune)

해석ㅣ 우리는 이 문제에 대해 전문 서비스 지원팀과 조율할 필요가 있습니다.

---

(192) pending item

예문 I would suggest that we keep this as a **pending item** on our agenda so that we get a satisfactory outcome to this problem.

> * pending item: 미해결 건 (= open item, unsolved case, ↔ closed item)
> * get a satisfactory outcome: 만족스러운 결과를 얻다

해석ㅣ 우리가 이 문제에 대한 만족스러운 결과를 얻을 수 있도록 이것을 우리의 의제에 보류된 항목으로 유지할 것을 제안하고 싶습니다.

---

(193) pros and cons

예문 Let's make a list of **pros and cons**.

> * make a list of: ~의 목록을 만들다, 리스트를 작성하다 (= draw up a list)
> * pros and cons: 장단점 (= merits and demerits), 찬반양론

해석ㅣ 장단점을 목록으로 만들어 봅시다.

---

(194) come up with

예문 We should **come up with** some other ways to lower overhead.

> * come up with: ~을 만들어 내다, 생각해 내다, 제시하다
> * overhead: 간접비 (ex. lower overhead, 간접비를 낮추다)

해석ㅣ 간접비를 줄일 다른 방법들을 생각해 내야 합니다.

---

(195) be better off

예문 For my part, you would **be better off** changing your duty.

> * **For my part**: 제 생각으로는 (= in my opinion, from my point of view)
> * **be better off**: ~하는 것이 더 낫다 (↔ be worse off), 더 잘 살다 (= live better)

해석 | 제 생각으로는 귀하께서 직무를 바꾸시는 편이 나을 것 같습니다.

---

(196) be confident that

예문 We **are confident that** our proposal is quite competitive in all respects.

> * **be confident that**: ~임을 자부하다 (= be confident of), 자신하다 (= have confidence)
> * **in all respects**: 모든 면에서, 모든 점에 있어서

해석 | 당사의 제안은 모든 면에 있어 꽤 경쟁력이 있다고 자부합니다.

---

(197) take bold move

예문 The situation will improve only if we **take** some **bold moves**.

> * **take bold move**: 대담한 조처를 취하다 (= take bold measure), 과감한 조치를 강구하다

해석 | 대담한 조치를 강구해야만 상황이 개선될 것입니다.

---

(198) run one's ideas by

예문 Let's **run your ideas by** the product manager first.

> * run one's ideas by: ~의 생각에 대한 의견을 묻다 (= share one's thoughts with)

해석 ㅣ 당신의 생각들에 대한 의견을 먼저 상품 기획자에게 물어봅시다.

---

(199) be confronted with

예문 Technology development is the biggest problem we **are confronted with** this plan now.

> * technology development: 기술 개발, 기술 발전
> * be confronted with: ~에 직면하다 (= be faced with), 마주하다

해석 ㅣ 이 계획에서 저희가 당면한 가장 큰 문제는 기술 개발입니다.

---

(200) be beneficial to

예문 It **is beneficial to** have more than one skill these days.

> * be beneficial to: ~에 좋다, 이익이 되다, 도움이 되다 (= be of help, do a world of good)

해석 ㅣ 요즘에는 한 가지 이상의 기술을 가지고 있는 것이 좋습니다.

---

(201) pull out of

예문 It is anticipated that these measures will help **pull** the company **out of** recession.

> * **anticipate**: 기대하다 (= expect), 바라다 (= look forward to, wish), 예상하다 (= forecast)
> * **measure**: 수단, 방책, 방법 (= method), 치수, 척도, 조처
> * **pull out of**: 철수하다 (= withdraw), 떠나다, 빠져나오다

해석ㅣ 이런 방법들이 회사가 침체기에서 빠져나오게 도와줄 수 있기를 바랍니다.

---

(202) it's a tradition that

예문 **It's a tradition that** the general manager should hand in his resignation under such circumstances.

> * **It's a tradition that**: 관례에 따라, ~하는 것이 관례이다
> * **hand in one's resignation**: ~가 사직서를 제출하다, 사임을 하다, 사표를 내다

해석ㅣ 관례에 따라, 이런 상황에서는 본부장이 사임을 해야 합니다.

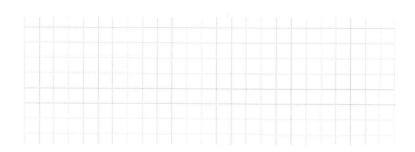

비즈니스 영어 핵심 패턴 500

(203) get through

예문 The management and the labor union decided to collaborate in **getting through** the crisis.

> * get through: 헤쳐 나가다, 극복하다 (= overcome), 견디다 (= endure), 끝내다 (= finish)

해석ㅣ노사는 서로 협조하여 위기를 헤쳐 나가기로 했습니다.

---

(204) to be original

예문 **To be original**, you don't need to be the first but be different and better.

> * To be original: 독보적이길 원한다면, 독창적이 되려면
> * not A but B: A가 아니라 B이다

해석ㅣ독보적이길 원한다면, 처음이 아니라 다르게 더 잘하면 됩니다.

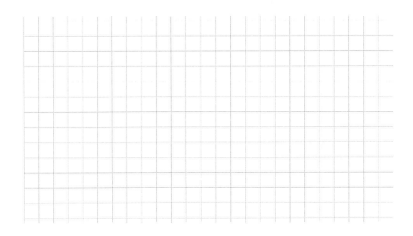

(205) brand awareness

예문 We should come up with some unique hashtags to boost our **brand awareness**.

- **come up with**: ~을 만들어 내다, 생각해 내다, 제시하다
- **hashtag**: 해시태그, 소셜 네트워크 서비스 (SNS: social network service) 에서 '#특정단어' 형식으로, 특정 단어에 대한 글이라는 것을 표현하는 기능
- **brand awareness**: 브랜드 인지도 (= brand recognition), 브랜드 관심도

해석 | 우리는 브랜드 인지도를 높이기 위해 독창적인 해시태그를 만들어야 합니다.

---

(206) make one's option

예문 We need to **make our option** which tasks we will prioritize.

- **need to**: ~해야 한다, ~하지 않으면 안 된다 (= should, have to, must)
- **make one's option**: ~을 선택하다 (= choose, make a choice)
- **prioritize**: (계획, 목표 등)에 우선순위를 매기다, 우선 사항을 결정하다

해석 | 우리는 어떤 일을 먼저 처리할지 선택해야 합니다.

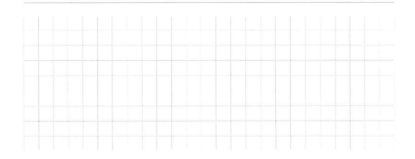

(207) have a hunger for

예문 We **have a hunger for** good cooperation with your company.

> * **have a hunger for**: ~에 대한 갈망이 있다 (= have a desire for)

해석 | 당사는 귀사와 좋은 협력을 갈망하고 있습니다.

---

(208) meet halfway

예문 We can close the loop on this if we **meet halfway**.

> * **close the loop on**: ~에 대한 고리를 끊다, (문제 등)을 끝내다
> * **meet halfway**: 타협하다 (= compromise), 양보하다, 절충하다

해석 | 서로 반반 양보하면 이 문제를 끝낼 수 있습니다.

---

(209) up to speed

예문 I tried my best to bring the new hire **up to speed**.

> * **try one's best**: 최선을 다하다 (= do one's best)
> * **up to speed**: 기대 수준을 보이는, 최신 정보를 갖춘
> * **hire**: 형 대여, 임대, 신입 사원 동 고용하다, 빌리다

해석 | 저는 새 직원이 빨리 익숙해지도록 최선을 다했습니다.

---

(210) do business with

예문 We sincerely hope to know more information about your products and hope we can **do business with** you in the days to come.

* **do business with**: ~와 거래하다, ~와 사업을 진행하다
* **in the days to come**: 향후, 앞으로 (↔ in days gone by), 가까운 미래에 (= in the near future), 조만간

해석ㅣ 저희는 귀사의 제품들에 대해 보다 많은 정보를 얻고자 하며, 앞으로 귀사와 함께 사업을 진행할 수 있기를 진심으로 바랍니다.

(211) sign off on

예문 I need my boss to **sign off on** the project plan before organizing a team.

* **sign off on**: (서명 등으로) ~을 승인하다 (= approve), 결재하다
* **organize a team**: 팀을 꾸리다, 팀을 구성하다

해석ㅣ 팀을 구성하기 전에 제 상사에게 프로젝트 계획 승인을 받아야 합니다.

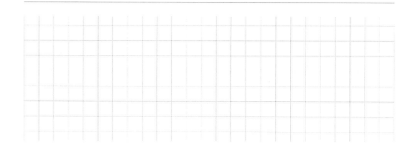

(212) hold a consultation about

예문 The two parties decided to **hold a consultation about** this matter.

> * **decide to**: ~하기로 결정하다 (= determine, make a decision), **결심하다** (= make up one's mind)
> * **hold a consultation about**: ~에 대해 상의하다, 협의하다 (= consult)

해석 | 양측은 이 문제에 대해 상의하기로 결정했습니다.

---

(213) go over

예문 I'm going to talk fast because I have a lot to **go over**.

> * **go over**: ~을 점검하다, 조사하다 (= examine), 검토하다 (= review)

해석 | 검토할 게 많으니까 빨리 말하겠습니다.

---

(214) share one's time to

예문 I would like you to **share your time to** review the report.

> * **share one's time to**: ~할 시간을 함께하다, ~할 시간을 내어 주다

해석 | 귀하께서 보고서를 함께 검토할 시간을 내어 주셨으면 합니다.

---

(215) in good faith

예문 The parties shall **in good faith** cooperate with each other to enable the Company to achieve objectives and purposes.

> * in good faith: 성실하게, 성의 있게, 선의로 (= in good part)
> * cooperate with: ～와 협력하다 (= collaborate with), 협동하다

해석 | 양 당사자는 이 회사가 사업 목표와 목적을 달성할 수 있도록 서로 성실히 협력해야 합니다.

---

(216) focus all one's energy

예문 I want you to **focus all your energy** on solving this problem.

> * focus all one's energy: ～의 모든 에너지를 집중하다, 전력을 다하다 (= do one's utmost)

해석 | 귀하께서 전력을 다해 이 문제를 해결해 주시기를 바랍니다.

---

(217) put in order

예문 We'll need to work together to **put** all paperwork **in order**.

> * work together: 함께 일하다, 힘을 합치다, 협력하다 (= cooperate)
> * put in order: 순서대로 하다, 질서정연하게 하다, 정리하다

해석 | 모든 문서 작업들을 순차적으로 정리하려면 서로 협력해야 합니다.

---

(218) team-building activity

예문 Let's plan some **team-building activities** next semester.

* team-building activity: 조직 강화 활동, 팀 단합 대회
* semester: 반기, 한 학기, 반 학년

해석 | 다음 반기 팀 단합 대회를 계획해 봅시다.

---

(219) cooperate with

예문 I am writing to you to see if we could **cooperate with** each other in the near future.

* cooperate with: ~와 협력하다 (= work together), 협조하다
* in the near future: 가까운 장래에, 머지않아 (= before long)

해석 | 머지않은 미래에 저희가 함께 협력할 수 있을는지를 여쭙고자 메일을 보냅니다.

Famous quotes in English

Everything in your world is created by
what you think.
(세상의 모든 일은 당신이 무엇을 생각하느냐에 따라 만들어진다.)

— Oprah Winfrey

8. 가격 협상

(220) what's more

예문 **What's more**, we always try our best to provide a reasonable price and guarantee the best quality for our customers.

* **What's more**: 그뿐만 아니라 (= additionally, furthermore)
* **try one's best to**: ~하기 위해 최선을 다하다 (= do one's best)
* **reasonable price**: 합리적인 가격, 적정 가격, 알맞은 가격

해석ㅣ 그뿐만 아니라, 저희는 항상 고객들에게 합리적인 가격을 제공하고 최고의 품질을 보장해 드리기 위해 최선을 다하고 있습니다.

(221) within one's budget

예문 We need to keep it **within our budget.** What do you think we must meet halfway?

> * within one's budget: ~의 예산 범위 내에서
> * meet halfway: 통타협하다 (= compromise), 절충하다, 화해하다 명양보, 타협, 화해

해석┃우리는 이것을 예산 범위 내에서 유지해야 합니다. 어느 부분을 절충할까요?

---

(222) at a low cost

예문 We can provide you with the best quality foods **at a low cost.**

> * provide A with B: A에게 B를 제공하다
> * at a low cost: 적은 비용으로 (= at small cost), 저렴한 가격에

해석┃저희는 최고 품질의 식품을 저렴한 가격에 제공해 드립니다.

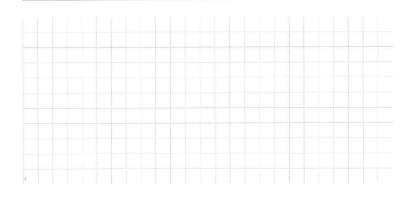

(223) additional discount

예문 We'll be willing to increase the volume of our order if you can allow us an **additional discount**.

* **be willing to**: 기꺼이 ~하다, 흔쾌히 ~하다 (= be pleased to)
* **additional discount**: 추가 할인 (= extra discount)

해석 | 귀사가 저희 측에 추가 할인을 허용해 주신다면 당사는 주문량을 기꺼이 더 늘릴 생각입니다.

(224) make a concession

예문 We will accept this condition, but we would like you to **make a concession** on the next one.

* **make a concession**: 양보하다 (= yield, grant a concession), 타협하다

해석 | 이 조건을 받아들이겠습니다. 하지만 다음 조건은 귀하께서 양보해 주시길 바랍니다.

(225) remain open

예문 This price will **remain open** until our receipt of your reply by January 30.

* **remain open**: ~이 유효하다 (= remain valid, be valid)

해석 | 이 가격은 당사가 1월 30일까지 귀사의 회신을 받을 때까지 유효합니다.

226 trade discount

예문 Because of their low prices and the small profit margin, we do not offer any **trade discounts** on these items.

* small profit margin: 적은 폭의 이익, 박한 이익
* trade discount: 거래 할인, 영업 할인, 도매 할인

해석 | 저렴한 가격과 적은 폭의 이윤 때문에 당사는 이 품목에 대해 더 이상의 거래 할인을 하지 않습니다.

---

227 in view of

예문 **In view of** the rising trend of the materials, we would advise you not to miss this opportunity.

* in view of: ~을 고려해 보면, 감안해 보면 (= in consideration of)
* miss opportunity: 기회를 놓치다 (= lose opportunity, miss a chance)

해석 | 원재료의 상승 추세를 고려해 볼 때 당사는 귀사에 이 기회를 놓치지 않기를 권하고 싶습니다.

(228) exceptional opportunity

예문 This is an **exceptional opportunity** for you to buy high-quality products at these prices.

> * **exceptional opportunity**: 절호의 기회 (= golden opportunity, perfect chance, excellent chance)

해석 이번이 귀사가 이 가격으로 양질의 제품을 살 수 있는 절호의 기회입니다.

---

(229) owing to

예문 **Owing to** the sudden rise in both material and wage, we had to increase all our prices.

> * **Owing to**: ~로 인해, ~ 때문에 (= due to, because of)

해석 원재료와 임금 모두의 갑작스러운 상승으로 당사는 당사의 모든 가격을 인상해야 했습니다.

---

(230) agree on

예문 The deal fell apart when we failed to **agree on** a price.

> * **fall apart**: (조직, 제도 등)이 무너지다, (사람 등)이 망가지다, (거래 등)이 결렬되다
> * **fail to**: ~하지 못하다, ~하는 데 실패하다 (= fail in)
> * **agree on**: ~에 동의하다, 합의하다 (= consent)

해석 우리가 가격에 대해 합의를 보지 못해서 거래는 결렬되었습니다.

---

(231) take into consideration

예문 **Taking** the costs and profits **into consideration**, we should choose the company which can give us a more favorable price.

* take into consideration: ~을 고려하다 (= consider), 참작하다, 감안하다
* favorable price: 유리한 가격 (= advantageous price), 좋은 조건의 가격

해석 | 비용과 이윤을 고려했을 때, 저희는 더 좋은 가격을 제시하는 회사를 선택할 수밖에 없습니다.

---

(232) price schedule

예문 I will appreciate it very much if you can send me the **price schedule** of your products as soon as possible.

* price schedule: 가격표 (= price list, price table)

해석 | 가능한 빠른 시일 내에 귀사의 모든 상품들의 가격표를 보내 주실 수 있다면 정말 감사드리겠습니다.

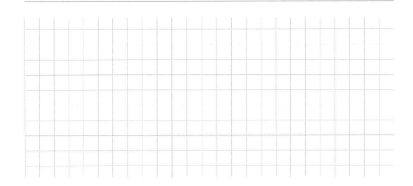

(233) have no trouble in

예문 We should **have no trouble in** filling your order and we are prepared to make a 3% quantiy discount off the list price.

* have no trouble in: ~하는 데 어려움이 없다, 문제가 없다
* discount off the list price: 표시 가격에서의 할인, 정가 할인

해석 | 당사는 귀사의 주문을 맞추는 데 별 어려움이 없을 것 같고 가격표보다 3%의 수량 할인을 할 용의가 있습니다.

---

(234) catering service

예문 We will have no choice but to employ another **catering service**, as we feel that your price is unreasonable.

* employ: (특정 방법, 기술, 회사 등)을 이용하다, (직원 등)을 고용하다
* have no choice but to: ~할 수밖에 없다 (= there is no alternative but to, can't choose but to)
* catering service: 출장 연회 서비스, 단체 급식 서비스, 음식 공급업
* unreasonable: 비합리적인, 비현실적인, 부당한

해석 | 저희는 귀사의 가격이 높다고 생각하기 때문에 다른 음식 서비스 업체를 이용할 수밖에 없습니다.

비즈니스 영어 핵심 패턴 500

(235) to one's regret

예문 **To our regret,** we can't accept the price you offered.

> * **To one's regret**: (상황, 조건 등이) 유감스럽게도 (= regrettably, unfortunately)

해석ㅣ 유감스럽게도, 당사는 귀사가 제안한 가격을 맞춰 드릴 수 없을 것 같습니다.

---

(236) persist in

예문 Our negotiation won't progress if we **persist in** our own opinions, so let's try to find a compromise in any way.

> * **persist in**: 고집하다 (= hold fast to), 우기다, 버티다
> * **find a compromise**: 타협점을 찾다 (= come to an agreement), 절충안을 찾다 (= find out a meeting point)

해석ㅣ 서로 자기의 의견을 고집해서는 협상이 진전되지 않을 것이므로 어떻게든 타협안을 찾으려고 노력합시다.

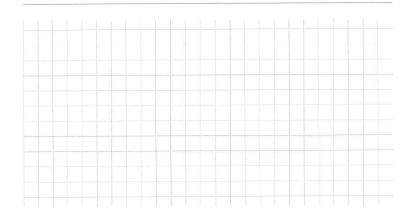

(237) be compelled to

예문 Ours is a highly competitive market and we have **been compelled to** cut your prices to the minimum.

> * **be compelled to**: ~하지 않을 수 없다, 어쩔 수 없이 ~하다 (= be forced to, be obliged to)
> * **to the minimum**: 최소한으로, 최소 수준으로 (↔ to the maximum)

해석ㅣ 당사의 시장은 매우 경쟁이 치열한 시장이므로 당사는 귀사의 가격을 최소 수준까지 깎지 않을 수 없었습니다.

---

(238) elephant in the room

예문 It's time we need to talk about the **elephant in the room**.

> * **elephant in the room**: 말하기 꺼리는 문제, 금기시되는 주제

해석ㅣ 이제 우리가 꺼리는 문제에 대해 이야기할 시간입니다.

---

(239) work out

예문 I'm sure we can **work** something **out**.

> * **work out**: (계획, 안, 해법 등)을 짜내다, 고안하다 (= devise, invent)

해석ㅣ 우린 분명히 해법을 알아낼 것입니다.

---

(240) do one's utmost to

예문 We should **do our utmost to** minimize the loss for both of us without damaging our business relationship.

> * **do one's utmost to**: ~하기 위해 최선을 다하다 (= do one's best to)
> * **business relationship**: 사업 관계, 기업 간 거래 관계

해석ㅣ 저희는 상호 간의 사업 관계를 해치지 않으면서 양측 모두의 손실을 최소화하기 위해 최선을 다해야 합니다.

---

(241) be exclusive of

예문 The price specified above **is exclusive of** all taxes.

> * **be exclusive of**: ~이 제외되다 (↔ be inclusive of)

해석ㅣ 위에 명시된 가격에는 모든 세금이 제외되어 있습니다.

---

(242) agreeable compromise

예문 Let's continue the negotiations and try to reach a mutually **agreeable compromise**.

> * **negotiation**: 협상, 절충, 교섭, (증권 등의) 양도, 유통
> * **agreeable compromise**: 합의 가능한 타협안, 납득할 만한 절충안

해석ㅣ 협상을 계속해서 쌍방이 납득할 만한 타협점을 찾아봅시다.

---

(243) broad outline

예문 I agree with the **broad outline** of your position, but not with some of details.

* **agree with**: ~에 동의하다 (= go along with), ~과 의견이 같다
* **broad outline**: 전반적 개요 (= general overview), 대략적 윤곽 (= rough outline), 큰 틀

해석 | 귀하 입장의 큰 틀에는 동의합니다만, 세부 사항 몇 가지는 아닙니다.

(244) cope well with

예문 We hope your company can **cope well with** the recent situation by lowering your prices to a competitive level.

* **cope well with**: ~에 잘 대처하다, 대응하다 (= respond well)

해석 | 당사는 귀사의 가격을 경쟁력 있는 가격 수준으로 낮춰 귀사가 이러한 국면에 잘 대응할 수 있게 되길 바랍니다.

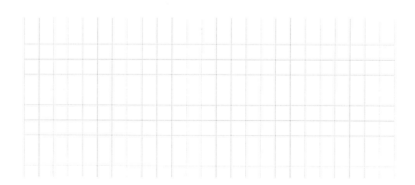

(245) be subject to

예문 The prices quoted **are subject to** change as the market for raw materials here is very unstable at present.

* **be subject to**: ~을 조건으로 하다. ~의 적용을 받다
* **at present**: 현재 (= currently), 지금 (= at the moment, now)

해석ㅣ 제시된 가격은 이곳 원재료 시장이 현재 대단히 불안정하므로 변동될 수 있는 조건입니다.

---

(246) take care of

예문 Your request will be **taken care of** by the end of this week.

* **take care of**: 처리하다 (= deal with), 해결하다 (= solve, settle, resolve, fix)

해석ㅣ 귀하의 요청 사항은 이번 주말까지 처리될 것입니다.

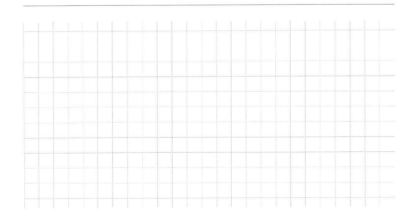

(247) take precedence over

예문 The reputation of your company in the industry proves that your company is one of those where quality and service **take precedence over** price.

> * take precedence over: ~보다 우선시하다, 우선권을 얻다 (= acquire a priority, take the first claim), 우위에 서다

해석| 업계에서 귀사의 평판은 귀사가 가격보다 품질과 서비스를 우선시 하는 회사 중 하나라는 사실을 입증해 주었습니다.

Famous quotes in English

The problem is not the problem; the problem is
your attitude about the problem.
(문제 자체가 문제가 아니라 진짜 문제는 문제를 대하는 태도이다.)

— Johnny Depp

9.
계약 협상, 계약 체결

(248) see progress

예문 I expect to **see** some **progress** in contract negotiation by the end of the month.

* see progress: 진전 상황을 보다, 개선됨을 보다 (= see improvement)
* contract negotiation: 계약 협상, 계약 교섭

해석ㅣ 이달 말까지 계약 협상에 좀 진전이 있었으면 합니다.

(249) be sure to

예문 Please **be sure to** include the date of payment in the last section of the contract.

> * be sure to: 반드시 ~하다 (= be bound to), 꼭 ~하다 (= make sure)
> * date of payment: 지급일, 지급 기일 (= payment date)

해석ㅣ 지급일을 계약서의 마지막 부분에 꼭 포함시켜 주세요.

---

(250) take a rain check on

예문 We may have to **take a rain check on** the contract.

> * take a rain check on: (약속, 초대, 요구 등)에 대해 다음을 기약하다, 나중에 다시 응하다

해석ㅣ 계약을 미뤄야 할 것 같습니다.

---

(251) customary practice

예문 We want to learn the conditions and **customary practice** of your company before we agree to do business with you.

> * customary practice: 일반적 관행, 관례 (= practice), 통례, 상례 (= usual practice)
> * do business with: ~와 거래하다, ~와 사업을 진행하다
> (해설) 귀사와 사업을 진행하는 것을 동의하기 전에 귀사의 계약 조건과 귀사의 일반적인 관례에 대해 알고 싶습니다.

(252) may as well

예문 We **may as well** settle the contract as soon as possible.

> * **may as well**: ~하는 편이 좋다 (= had better), ~하는 게 낫다
> * **settle**: (문제, 과제 등)을 결말짓다 (= finalize), 해결하다 (= solve)

해석 | 계약서를 가능한 빨리 마무리 짓는 것이 좋겠습니다.

---

(253) be binding upon

예문 This Agreement shall **be binding upon** and inure to the benefit of the parties hereto, their respective successors and permitted assigns.

> * **be binding upon**: ~에 대해 구속력이 있다 (= be restrictive to)
> * **inure to the benefit of**: ~의 이익을 위하여 효력이 있다, ~의 이익으로 효력이 있다

해석 | 본 계약은 본 계약의 당사자들과 그들 각자의 승계인 및 허용된 양수인에 대해 구속력을 미치며, 이들의 이익을 위하여 효력이 있다.

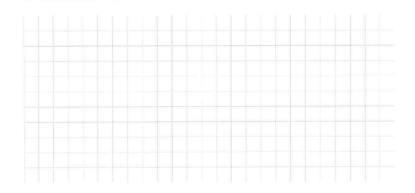

(254) be of the essence

예문 The Seller understands and agrees that the times for delivery set forth herein **are of the essence** of this Agreement.

* **set forth**: ~을 규정하다 (= regulate, stipulate), ~을 설명하다(= explain), (의견, 생각 등)을 개진하다
* **herein**: 이 안에, 여기에, in this agreement를 의미
* **be of the essence**: 매우 중요한, 본질적인, 필수적인

해석| 매도인은 본 계약서에 규정된 인도 시간이 매우 중요하다는 점을 이해하고 동의한다.

---

(255) take effect

예문 This Agreement shall **take effect** as of the execution hereof by both parties subject to issuance of the Export Licence.

* **take effect**: 효력을 발휘하다, (법률 등)이 시행되다, 발효되다
* **as of the execution**: (계약 등)의 체결일 기준, 이행일 기준
* **hereof**: 이것의, 이 문서의, 본 계약의 (= of this agreement)
* **subject to**: ~의 적용을 받는, ~를 전제로 하는 (= on the premise of)

해석| 본 계약은 수출 면허증 발급을 전제로 양 당사자가 이 계약을 체결한 시점부터 효력을 발생합니다.

---

(256) immediately after

예문 This agreement will go into effect **immediately after** being signed by both parties.

> ∗ **go into effect**: 효력을 가지다 (= take effect), 효력이 발휘되다, 실시되다
> ∗ **immediately after**: ~ 직후에, ~ 후에 곧 (= soon after)

해석 I 본 계약은 양 당사자의 서명이 끝난 후 바로 효력을 지니게 됩니다.

---

(257) as far as ~ be concerned

예문 **As far as** the export regulation **is concerned**, it only applies to the following items:

> ∗ **export regulation**: 수출 규제 (↔ import regulation), 수출 제한
> ∗ **As far as ~ be concerned**: ~의 경우에는, ~에 관한 한 (= As for, As far as ~ go)
> ∗ **apply to**: ~에 적용되다 (= pertain, be applicable to)

해석 I 수출 규제책의 경우 다음의 품목에만 적용됩니다.

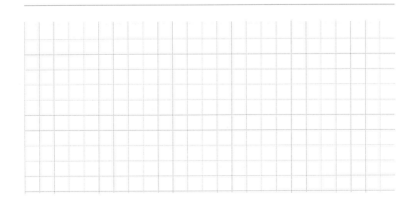

(258) make good

예문 If any Product sold hereunder proves to be defective in materials or workmanship, the Manufacturer shall **make good** such defect by promptly repairing or replacing the same.

> * make good: (분실, 손상된 것을) 보상하거나 대체하든, (결함이 있는 것을) 수리하든, 지금보다 좋게 하다
> * hereunder: ~에 따라, ~에 의거하여 (= under this agreement)
> * such defect: 해당 결함, 그러한 결함 (= relevant defect)

해석 | 본 계약에 따라 판매된 제품이 재료 또는 제조상의 결함이 있는 것으로 판명되는 경우 제조업체는 즉시 수리하거나 또는 같은 것으로 교체하여 해당 결함을 개선해야 합니다.

---

(259) terms of contract

예문 We would like you to reconsider the **terms of** the **contract**.

> * reconsider: (계약 조건 등)을 재고하다 (= think twice), 다시 생각하다, 재검토하다 (= review again)
> * terms of contract: 계약 조건 (= contract terms and conditions), 계약 조항, 계약 규정

해석 | 계약 조건에 관해 재검토해 주셨으면 합니다.

비즈니스 영어 핵심 패턴 500

(260) entire agreement

예문 The terms and conditions set forth in this Agreement constitute the **entire agreement** between the parties.

* **terms and conditions**: 조건, 약관 (= clause), 조항 (= article)
* **set forth**: ~을 규정하다 (= stipulate, regulate), ~을 설명하다(= explain), (의견, 생각 등)을 개진하다
* **entire agreement**: 완전 합의, 완전한 합의, 즉 해당 조항이 포함된 계약서 이외에 다른 계약 내용은 효력을 발휘하지 못함을 나타냄

해석ㅣ 본 계약에서 정한 조건은 모든 당사자 간의 완전한 합의를 이룹니다.

---

(261) supplementary article

예문 We need to add a **supplementary article** on terminating and extending the contract.

* **supplementary article**: 보충 조항 (= additional clause)
* **terminate**: 해지하다, 종료하다, 끝내다 (= finish), 종료되다, 끝나다 (= end)
* **extend**: (기한 등)을 연장하다 (= hold over, protract, prolong), (범위, 영향, 사업 등)을 확대하다

해석ㅣ 계약 해지 및 연장에 대한 보충 조항을 추가해야 합니다.

(262) to be more specific

예문 **To be more specific**, CIF is an abbreviation for Cost, Insurance and Freight.

* **To be more specific**: 더 구체적으로 말씀드리면 (= to be more concrete, to be more detailed)
* **abbreviation**: 약자, 약어 (= acronym), 생략 부호 (= ellipsis)

해석 ㅣ 더 구체적으로 말씀드리면, CIF는 "운임·보험료 포함 인도 조건"의 약자입니다.

---

(263) be governed by

예문 Please note that the contract between both parties shall **be governed by** and interpreted by Korean law.

* **Please note that**: ~임을 주목해 주시기 바랍니다, ~임을 유념해 주세요 (= Please pay attention to)
* **be governed by**: ~에 의해 적용되다 (= be applied by, be covered by), 규정되다, 관리되다

해석 ㅣ 양 당사자 간에 체결된 계약은 한국법에 따라 적용되고 해석되어야 한다는 점을 유념해 주시기 바랍니다.

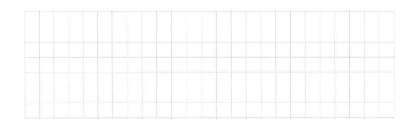

264 take advantage of

예문 It appears to me if the contract is finalized, our company would **take advantage of** it to generate more profits.

* It appears to someone that: 누구의 생각에는 ~인 것 같다
* take advantage of: ~을 이용하다 (= make use of)
* generate profit: 이윤을 창출하다, 이익을 발생시키다

해석 | 제 생각에 만일 계약이 성사되면 우리 회사는 이를 이용해서 더 많은 이윤을 창출해 낼 수 있을 것 같습니다.

---

265 in no event

예문 The liquidated damages shall **in no event** exceed the value of the Contract.

* liquidated damage: 손해 배상액의 예정, 예정된 손해 배상액
* in no event: 어떠한 경우에도 ~하지 않는 (= under no circumstance)

해석 | 예정된 손해 배상액의 지급은 어떠한 경우에도 계약의 총 규모를 초과할 수 없습니다.

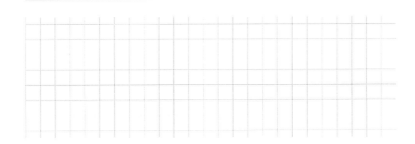

(266) check the details of

예문 It's worth **checking the details of** the contract before you sign it.

> * be worth ~ing: ~하는 것이 바람직하다 (= It is desired that), ~할 필요가 있다
> * check the details of the contract: 계약서의 세부 사항을 검토하다

해석 | 서명하기 전에 계약서의 세부 사항을 검토하는 것이 바람직합니다.

---

(267) sign a contract

예문 We are excited to **sign a contract** with you.

> * be excited to: ~해서 기쁘다 (= be pleased to), 신나다
> * sign a contract: 계약을 체결하다 (= make a contract, enter into a contract)

해석 | 귀사와 계약을 체결하게 되어 기쁩니다.

---

(268) sleep on

예문 Let me **sleep on** those proposed exceptions to the contract.

> * sleep on: 시간을 가지고 신중히 생각하다, 심사숙고하다 (= deliberate, meditate, contemplate)
> * exception: 예외 (ex. without exception, 예외 없이), 제외

해석 | 계약서에 제안된 예외 사항들을 좀 더 생각해 보겠습니다.

---

(269) renew one's contract

예문 We were wondering whether it would be possible to **renew our** previous **contract,** instead of making a new one.

* **We were wondering whether:** ~인지 아닌지 궁금합니다, 즉 무엇을 문의할 때 과거형이 더 정중한 표현임
* **renew one's contract:** (계약 등)을 갱신하다, 새롭게 시작하다

해석 l 새 계약을 체결하는 대신 이전 계약을 갱신하는 것이 가능할지 궁금합니다.

---

(270) accept one's request on

예문 I'm very sorry, but we cannot **accept your requests on** our some contract terms and conditions.

* **accept one's request on:** ~의 요구를 받아들이다, 수락하다
* **contract terms and conditions:** 계약 조건 (= terms of contract), 계약 약관, 계약 조항

해석 l 매우 죄송합니다만 일부 계약 조건에 대한 귀사의 요구를 받아들일 수가 없습니다.

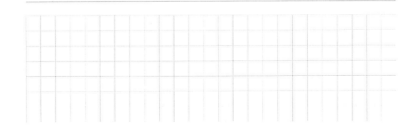

(271) be in effect

예문 We would like to include an additional clause in the contract stating the following: "The warranty will **be in effect** for 2 years."

* state: 동진술하다, 주장하다, 말하다 명상태, 사정, 지위, 신분
* warranty: 보증 (= guarantee), (상품 등의) 보증서, 담보
* be in effect: 효력이 있다 (= be good), 효과가 있다, 유효하다 (= be valid)

해석 ㅣ 다음과 같은 추가 조항을 계약서에 포함시키고 싶습니다: "보증 기간은 2년으로 한다."

---

(272) account for

예문 I was wondering if you would **account for** the underlined part of the contract in detail.

* account for: ~에 대해 설명하다 (= explain), 해명하다, 명료하게 하다 (= clarify), 차지하다
* in detail: 상세하게, 세부적으로 (= minutely), 세부적으로 (= in full)

해석 ㅣ 귀하께서 계약서의 밑줄 친 부분을 상세하게 설명해 주실 수 있는 지 궁금합니다.

비즈니스 영어 핵심 패턴 500

(273) exert one's best efforts

예문 We agree to **exert our best efforts** to obtain the export licence as soon as possible after the execution of this Agreement.

* **exert one's best efforts**: 최선의 노력을 다하다 (= make one's best endeavors)
* **execution of agreement**: 계약 체결 (= contract conclusion), 계약 등의 실행, 계약 집행, 계약서 작성

해석ㅣ 당사는 본 계약 체결 후 가능한 한 빨리 수출 허가를 받기 위해 최선을 다할 것에 동의합니다.

(274) abide by

예문 I think the terms of the contract must be **abided by** both parties.

* **terms of contract**: 계약 조건, 계약 조항, 계약 규정
* **abide by**: ~을 준수하다, 지키다, 따르다 (= comply with)

해석ㅣ 저희 양 당사자 모두 계약의 내용을 준수해야 한다고 생각합니다.

(275) fit the need of

예문 I think the contract should be modified to **fit the needs of** both parties.

> * modify: 수정하다 (= revise), 변경하다 (= alter, change), 수식하다
> * fit the need of: ~의 요구를 충족시키다, ~의 필요에 맞추다

해석ㅣ 양측의 요구를 충족시키기 위해 계약서를 조금 수정해야겠습니다.

---

(276) once it is finalized

예문 **Once it is finalized**, the new contract will take effect immediately.

> * Once it is finalized: 일단 마무리되면 (= once it is finished), ~ 마무리 되자마자
> * take effect: 발효되다, 시행되다, 효력이 발생하다 (= come into force)

해석ㅣ 일단 마무리되면, 새로운 계약이 즉시 발효될 것입니다.

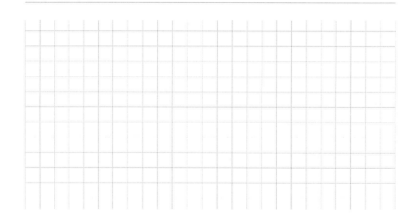

Famous *quotes* in English

The successful man will profit from his mistakes and
try again in a different way.
(성공하는 사람은 실수로부터 배우려 하고
다른 방법으로 다시 도전한다.)

— Dale Carnegie

10. 오퍼, 구매, 생산, 판매

(277) on condition that

예문 We can accept your offer **on condition that** the delivery be made promptly.

> * accept one's offer: ~의 청약을 받아들이다, ~의 오퍼를 수락하다, ~의 제안을 수용하다
> * on condition that: ~라는 조건으로 (= provided that), 만일 ~한다면 (= if)

해석 I 당사는 인도가 즉시 이루어지는 조건으로 귀사의 오퍼를 수락할 수 있습니다.

(278) venture to

예문 We **venture to** say that there is no firm that could make you a more favorable offer.

> * **venture to**: 감히 ~하다 (= make bold to, dare)
> * **make one a more favorable offer**: ~에게 보다 더 유리한 오퍼를 하다 (= make one a more beneficial offer)

해석 | 당사는 귀사에 이보다 더 유리한 오퍼를 할 수 있는 기업은 없다고 감히 말할 수 있습니다.

---

(279) subject to being unsold

예문 We have so many inquiries for this item that we offer it **subject to being unsold**.

> * **subject to being unsold**: 재고 잔유 조건으로, 즉 재고가 남아 있는 경우에 한하여 계약이 성립되는 오퍼(offer) 조건임

해석 | 당사는 이 품목에 대해 대단히 많은 조회를 받으므로 재고 잔유 조건으로 오퍼합니다.

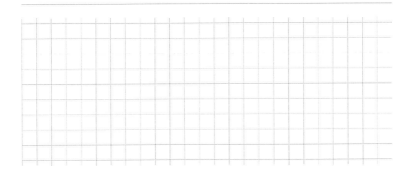

(280) on receipt of

예문 The purchase contract specifies that we should deliver the goods **on receipt of** the payment.

* specify that: ~임을 명시하다, 규정하다 (= stipulate that)
* purchase contract: 구매 계약, 매입 계약, 구입 계약
* on receipt of: ~을 받는 대로, 받는 즉시 (= upon receipt of)

해석 I 구매 계약에는 송금을 받으면 바로 물건을 보내 줘야 한다고 명시되어 있습니다.

---

(281) place a sizable order

예문 We would like to express our interest in **placing a sizable order** of your products.

* place a sizable order: 대량 구매하다 (= place a bulk order, place a large order)

해석 I 당사는 귀사의 제품을 대량 구매 하려는 의사가 있습니다.

---

(282) order sheet

예문 We have enclosed our **order sheet** for the following goods.

* order sheet: 주문서 (= purchase order, order slip, order form)

해석 I 당사는 다음 제품에 대한 주문서를 동봉해 드립니다.

비즈니스 영어 핵심 패턴 500

(283) within the country

예문 We import most of materials from Southeast Asia and the rest are sourced **within the country**.

* source: ⑧(재료, 부품 등)을 구입하다, 조달하다 ⑨공급원, 출처, 정보원, 근원, 소식통
* within the country: 국내에서 (= domestically, ↔ overseas, abroad), 국내로

해석 | 당사는 동남아시아에서 대부분의 원재료를 수입하고 나머지는 국내에서 구하고 있습니다.

---

(284) production quota

예문 I regret to inform you that we are unable to meet today's **production quota** due to an unexpected blackout.

* be unable to: ~을 할 수 없다 (= cannot do, ↔ be able to)
* production quota: 생산 목표, 할당된 생산량, 생산 할당량
* blackout: 정전, 의식 상실, 실신, 등화관제, 보도 통제

해석 | 예상치 못한 정전으로 오늘 할당된 생산량을 채울 수 없다는 점을 알리게 되어 유감입니다.

(285) just-in-time production

예문 In **just-in-time production**, nothing is bought or produced until it is needed.

> * just-in-time production: 적시 생산 (= J.I.T), 적기 공급 생산, 무재고
> 생산 (= zero-inventory production)

해석Ⅰ 적시 생산의 경우, 생산이 필요하기 전까지는 그 무엇도 구매하거나 생산하지 않습니다.

---

(286) by hand

예문 Most of work is automated, but some of the final assembly processes are done **by hand**.

> * by hand: 수작업으로 (↔ automatically), 사람 손으로
> * assembly process: 조립 공정, 조립 과정 (= assembling process)

해석Ⅰ 대부분의 작업은 자동화되어 있지만 최종 조립 공정의 일부는 수작업으로 합니다.

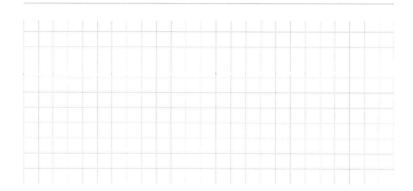

(287) fill one's order

예문 We are increasing production and our warehouse space, so it should be no problem to **fill your order**.

> * fill one's order: (상품, 제품 등)의 주문을 맞추다, 주문을 처리하다, 주문을 받다 (= take an order)

해석 I 당사는 생산 및 창고를 늘리고 있으니까 귀사의 주문을 맞추는 데 문제는 없을 것 같습니다.

---

(288) according to

예문 I could infer that your products are worth purchasing **according to** the sale and the evaluation of customers.

> * infer: 추리하다, 의미하다, 추정하다, 추론하다, ~라고 여기다
> * be worth: ~할 가치가 있다, ~할 만하다 (= be worthy of)
> * according to: ~에 따라 (= in accordance with), ~에 근거하여

해석 I 귀사의 판매량과 고객들의 평가로 미루어 보아 귀사의 제품들이 살 가치가 있다고 여겨집니다.

(289) on behalf of

예문 I would like to inform you that I am authorized to sign a sales contract with your company **on behalf of** my boss, Mr. Taler.

* **be authorized to**: ～할 수 있는 권한을 부여받다
* **on behalf of**: ～을 대리하여, 대표하여 (= be representative of), ～을 대신해서 (= in place of)

해석Ⅰ 제가 상사인 테일러 씨를 대신하여 귀사와의 판매 계약서에 서명할 수 있는 권한을 부여받았음을 알려 드립니다.

---

(290) of high quality

예문 Through comparison, we found that the coffee beans sold by your company are **of high quality**.

* **through comparison**: 비교를 거쳐, 비교를 통해
* **of high quality**: 품질이 매우 좋은 (= of good quality), 고품질의, 고급의

해석Ⅰ 비교를 통해서 귀사에서 판매하고 있는 커피콩이 고품질이라는 것을 알게 되었습니다.

(291) get ahead of

예문 Last year, our new competitor from the east **got ahead of** us in sales.

* **get ahead of:** ~을 앞서다 (= surpass), 이기다 (= beat)
* **in sales:** 판매량에서, 매출에서 (ex. decrease in sales, 매출 감소, ex. increase in sales, 매출 증가)

해석 | 작년에는 동부에 있는 신흥 경쟁사가 저희보다 판매량이 앞섰습니다.

---

(292) scale up

예문 Recently, to **scale up** the market, we have been seeking foreign trade partners to do business with.

* **scale up:** (규모, 범위 등)을 확대하다 (= expand, enlarge, extend)
* **do business with:** ~와 거래하다 (= trade with), ~와 사업을 진행하다

해석 | 최근에 시장을 확장하기 위해 저희는 사업을 함께할 대외 무역 파트너를 구하고 있었습니다.

---

(293) take up

예문 This product **takes up** a quarter of total sales.

* **take up:** (시간, 장소, 물건 등)을 차지하다 (= account for, occupy)

해석 | 이 제품은 총매출의 4분의 1을 차지합니다.

---

(294) make every effort to

예문 We are **making every effort to** fix the problem of sluggish sales.

> * **make every effort to**: ~하는 데 온갖 노력을 다하다 (= make every endeavor to), 최선의 노력을 하다
> * **fix the problem**: 문제를 해결하다 (= solve the problem)
> * **sluggish sales**: 판매 부진 (= sales shortage), 부진한 판매량 (= poor sales)

해석 | 우리는 판매 부진의 문제를 해결하기 위해 모든 노력을 기울이고 있습니다.

---

(295) out of stock

예문 We usually keep a three month supply, but due to outstanding sales this month we are **out of stock** at the moment.

> * **supply**: 몡비축량, 공급량, 물자, 필수품, 공급 됭공급하다, 제공하다
> * **due to outstanding sales**: 현저한 판매 증가로 인해
> * **out of stock**: 재고가 없는 (= stockless), 재고가 바닥난

해석 | 당사는 보통 3개월분의 재고를 가지고 있습니다만 이번 달은 판매가 늘어서 지금 재고는 없습니다.

(296) original projection

예문 We'll maintain at least a 10% market share, which is 2% short of our **original projection**.

* **market share**: 시장 점유율 (= market share ratio)
* **be short of**: ~에 부족하다 (= be lack in), 미치지 못하다
* **original projection**: 당초 예상 (= original prediction), 원래 예측

해석 | 우리는 최소 10%의 시장 점유율을 유지하게 될 것이며, 이는 당초 예상보다 2% 부족한 수치입니다.

---

(297) gross sales

예문 Our company plans to increase **gross sales** by 10 percent and raise profit by 20 percent this year.

* **plan to**: ~하기로 계획하다, ~할 예정이다 (= be going to), ~할 계획이다
* **gross sales**: 총매출액 (↔ total expenditure), 총수입액 (= total revenues, gross earnings)

해석 | 저희 회사는 올해 총매출을 10% 늘리고 이익을 20% 올릴 계획입니다.

(298) be pleased to welcome

예문 We **are pleased to welcome** you as a new agent for our company.

> * be pleased to welcome: ~하는 것을 기꺼이 환영하다 (= be happy to welcome, be willing to welcome)

해석 | 귀사가 당사의 판매 대리점으로 선정된 것을 환영합니다.

---

(299) be borne by

예문 The risk of loss and damage to the Goods shall **be borne by** the Carrier until delivery of the Goods at the named port has been effected.

> * be borne by A: A가 (비용, 위험, 책임 등)을 부담하다
> * at the named port: 지정된 항구에서 (= at the nominated port), 기명항에서

해석 | 상품의 손실 및 손상 위험은 지정된 항구에서 상품이 인도될 때까지 운송인이 부담합니다.

비즈니스 영어 핵심 패턴 500

(300) in short

예문 **In short**, poor customer service will result in a slowdown in sales.

> * **In short**: 요컨대, 간단히 말해 (= in brief), 한마디로 말하면 (= in a word)
> * **result in**: 그 결과 ~가 되다, 초래하다 (= bring about)
> * **slowdown**: 경기 후퇴, 조업 단축, 둔화, 감속, 부진 (= inactivity)

해석 | 간단히 말해, 형편없는 고객 서비스는 매출 부진으로 이어집니다.

---

(301) a set of

예문 Marketing is **a** strategy and **set of** techniques to sell an organization's products based on understanding the customer's needs.

> * **a set of**: 일련의, 한 벌의, 한 세트의
> * **based on**: ~을 기반으로, ~을 바탕으로 (= on the basis of)

해석 | 마케팅은 고객의 수요를 이해하는 것을 기반으로 조직의 제품을 판매하는 전략 및 일련의 기술이라고 볼 수 있습니다.

(302) as of yet

예문 **As of yet**, we have no plans to hire a marketing director.

> * **as of yet**: 아직까지는 (= still, so far), 현재로서는 (= as of now, at present)

해석 | 현재로서는 마케팅 이사를 채용할 계획이 없습니다.

---

(303) bring to the table

예문 I can **bring** years of marketing skills **to the table** for your company.

> * **bring to the table**: ~에 기여하다 (= contribute), ~에 제공하다 (= provide, offer, furnish)

해석 | 저의 수년간 마케팅 스킬을 귀사에 제공할 수 있습니다.

---

(304) word of mouth

예문 **Word of mouth** marketing is one of the most powerful forms of advertising.

> * **word of mouth**: 구전의, 구두의 (= oral, verbal)

해석 | 구전 마케팅은 가장 강력한 광고 기법 중 하나입니다.

Famous quotes in English

The more we do, the more we can do.

(하면 할수록, 더 많이 할 수 있다.)

— William Hazlitt

11. 대금 결제

(305) upon delivery

예문 50% of the total price should be paid in advance, and the remaining 50% shall be paid within 3 days **upon delivery**.

* **paid in advance**: 미리 지급된, 선지급으로 (= advanced)
* **upon delivery**: 인도 즉시 (= on delivery), 배송 즉시, 납품하자마자

해석 | 총액의 50%는 선지급해 주셔야 하고, 나머지 50%는 인도 후 3일 이내에 지불해 주셔야 합니다.

(306) by contract

예문 **By contract,** you are required to pay for the goods as soon as you receive them.

* **By contract**: 계약을 근거로, 계약에 따르면, 계약에 의해
* **be required to**: ~하도록 요구되다 (= be expected to)
* **pay for the goods** : 상품의 대금을 지불하다

해석 | 계약에 따르면, 귀하께서는 상품을 받으시는 대로 상품의 대금을 지불해 주셔야 합니다.

---

(307) by the principle of

예문 **By the principle of** fair dealing, we will not settle the payment until you send us the corrected cash requirement.

* **By the principle of**: ~의 원칙에 따르면 (= following the rule of)
* **settle the payment**: 결제하다 (= pay, settle), 대금을 지불하다
* **cash requirement**: 금액 청구서 (= invoice, cash requisition), 계산서 (= bill)

해석 | 공정 거래 원칙에 따르면 저희는 귀사가 저희에게 정확한 금액 청구서를 보내 주실 때까지 지불을 하지 않아도 됩니다.

(308) as stated in

예문 As stated in our terms and conditions of payment, all invoices are payable within 20 days of receipt of goods.

> * As stated in: ~에 명시된 대로 (= be stipulated in), ~에 기재된 바와 같이 (= be prescribed in)
> * terms and conditions of payment: 지불 조건, 결제 조건 (= terms of payment)

해석 | 지불 조건에 명시된 바와 같이, 모든 송장은 물품 수령 즉시 20일 이내에 결제되어야 합니다.

---

(309) be flexible

예문 We are prepared to be flexible over the terms of payment.

> * be prepared to: ~할 준비가 되어 있다 (= be ready to)
> * be flexible: ~에 유연해지다, 융통성이 있다 (= be versatile)
> * terms of payment: 지불 조건, 결제 조건 (= payment terms)

해석 | 저희는 지불 조건에 대하여 양보할 준비가 되어 있습니다.

(310) reach an agreement on

예문 We hope you can **reach an agreement on** our payment terms.

> * **reach an agreement on**: ~에 대해 합의에 이르다 (= come to an consent on), 동의하다 (= agree on)
> * **payment terms**: 지불 조건, 결제 조건 (= terms of payment)

해석 | 귀사가 당사의 지불 조건에 동의하실 수 있길 바랍니다.

---

(311) be handed to

예문 The shipping documents will **be handed to** you by the Woori Bank against settlement of the account shown.

> * **be handed to**: ~에게 주어지다, 넘겨지다, 전달되다 (= be delivered to)

해석 | 선적 서류는 표시된 대금의 결제 조건으로 우리은행에 의해 귀사에 전달될 것입니다.

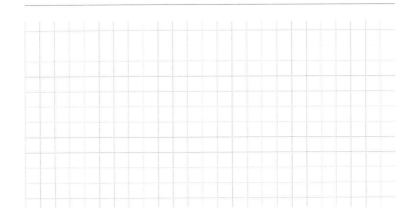

(312) outstanding amount

예문 We would be grateful if you could arrange for the **outstanding amount** to be paid within the next few days.

> * **We would be grateful if**: ~해 주신다면 고맙겠습니다.
> * **arrange for**: ~을 준비하다 (= prepare for), 처리하다 (= handle)
> * **outstanding amount**: 미납 요금 (= unpaid fare), 연체 금액 (= overdue amount, arrearages)

해석 귀사가 며칠 이내로 미납 요금을 지불해 주신다면 매우 감사하겠습니다.

---

(313) to the effect that

예문 We have received a fax advice from our ABC Bank **to the effect that** they have opened a letter of credit in your favor.

> * **to the effect that**: (말, 글 등)이 ~라는 취지의, ~라는 뜻의 (= to the purpose that)
> * **in one's favor**: ~을 수익자로 하여, ~에게 이익이 되도록

해석 당사는 당사의 거래 은행인 ABC은행으로부터 귀사를 수익자로 하여 신용장을 개설하였다는 내용의 팩스 통지를 받았습니다.

비즈니스 영어 핵심 패턴 500

(314) credit standing

예문 Please send us the payment to avoid putting your **credit standing** in jeopardy.

> * **credit standing**: (지불 능력 등의) 신용 상태 (= credit status), 신용 정도 (= credit level)

해석 귀사의 신용 상태가 위기에 처하는 것을 피할 수 있도록 저희 측에 대금을 보내 주시길 부탁드립니다.

---

(315) be restricted to

예문 Negotiation under this credit **is restricted to** the advising bank only.

> * **be restricted to**: ~에 제한되어 있다, ~에 한정되어 있다 (= be limited to)
> * **advising bank**: 통지 은행, 즉 신용장 통지를 의뢰받은 은행

해석 본 신용장의 네고(매입)는 통지 은행에 제한되어 있습니다.

---

(316) for the account of

예문 All banking charges are **for the account of** beneficiary.

> * **for the account of**: ~가 부담하는 (= for one's account), ~의 책임인, ~로 충당하는 (= covered by)

해석 모든 은행 비용은 수익자의 부담입니다.

---

(317) in the attachment

예문 Please verify the detalils of the L/C **in the attachment**.

* Please verify: ～을 확인해 보시기 바랍니다 (= Please check out, Please confirm that)
* in the attachment: (이메일 등의) 첨부 문서에서 (= in the attached document), 첨부 파일에는

해석ㅣ 첨부된 파일에서 신용장의 상세 정보를 확인해 보시기 바랍니다.

---

(318) payment method

예문 Please select your choice of **payment method** and date of delivery which suits you best.

* select your choice of: ～을 선택하다 (= select, make a choice of, choose)
* payment method: 지급 방법, 지불 방법, 결제 방법
* date of delivery: 납품일, 배송일 (= delivery date), 인도일
* suit: 동～에 적합하다, 어울리다 명소송, 고소, 탄원

해석ㅣ 귀사에 적합한 지불 방법과 납품일을 선택해 주시기 바랍니다.

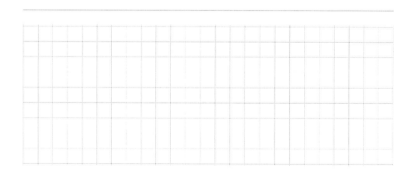

(319) be wired to one's account

예문 Remittance for order number 200 has **been wired to your account.**

* **remittance**: 송금액 (= amount of remittance), 송금 (= remitment)
* **be wired to one's account**: ～의 계좌로 송금되다 (= be remitted to one's account)

해석 ㅣ 주문번호 200에 대한 대금이 귀사의 계좌로 송금되었습니다.

---

(320) past due

예문 We'd like to remind you that your credit payment is **past due.**

* **credit payment**: 외상 대금 (= credited price, payables)
* **past due**: 만기가 지난, 기일을 넘긴 (= overdue)

해석 ㅣ 귀사의 외상 대금 지불 기한이 지났음을 알려 드립니다.

---

(321) as soon as

예문 We will ship you the goods **as soon as** we confirm the payment.

* **ship**: (배, 항공기, 트럭 등으로) ～을 운송하다, 실어 나르다, 배송하다
* **as soon as**: ～하자마자 곧, 바로 (= no sooner than, soon after, on ～ing)

해석 ㅣ 결제를 확인하자마자 물품을 보내 드리겠습니다.

---

(322) in accordance with

예문 **In accordance with** your recent request, we have deposited money into your account.

> * **In accordance with**: ~에 따라 (= as one requested, in compliance with)

해석 I 귀하의 최근 요청에 따라 귀하의 계좌에 돈을 송금했습니다.

---

(323) at sight

예문 For the balance of US$5,000 in your favor, you may draw on us **at sight** as usual.

> * **balance**: 잔액, 미지급금 (= outstanding amount)
> * **in one's favor**: ~를 위한, ~에게 유리한, ~ 앞으로
> * **at sight**: 일람불로 (↔ after sight, 일람 후)

해석 I 귀사가 받아야 할 미화 5,000달러의 잔액에 대해 귀사는 당사 앞으로 보통 때처럼 일람불로 환어음을 발행하시면 됩니다.

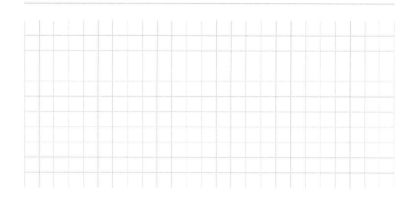

(324) be credited to

예문 Your bank check we received for US$20,000 has **been credited to** your account, which is now completely clear.

* **be credited to**: (돈, 금액 등이) ~에 입금되다 (= be deposited)
* **be clear**: 정산되다 (= be settled and paid), 해결되다 (= be solved)

해석 | 미화 20,000달러에 대해 당사가 받은 귀사의 은행 수표는 귀사 계정에 입금되어 이제 완전히 정산되었습니다.

---

(325) down payment

예문 An early termination is possible if the **down payment** is not performed.

* **down payment**: 착수금, 계약금 (= initial payment, ↔ balance payment)

해석 | 착수금이 입금되지 않는 경우에는 조기 종료가 가능합니다.

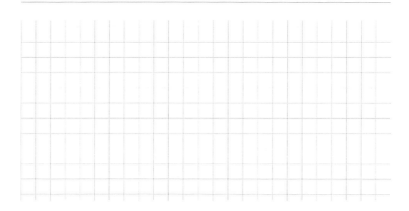

(326) call one's attention to

예문 We wish to **call your attention to** the enclosed account, which is now nearly two months overdue.

> * call one's attention to: ~의 주의를 환기시키다, ~의 관심을 다른 데로 돌리다
> * account: 계산, 계산서 (ex. enclosed account, 동봉된 계산서), 계정, 청구서, 계좌
> * overdue: (지불, 반납 등)의 기한이 지난, 만기가 경과한, 연체된

해석 | 귀사의 결제 금액이 지금 거의 2개월 연체된 상태이므로 귀사는 동봉된 계산서에 관심을 가져 주시기 바랍니다.

---

(327) credit line

예문 The bank plans to adjust our **credit line** depending on our credit score.

> * credit line: 신용 한도 (= credit limit), 신용장 개설 한도
> * depend on: ~에 달려 있다, ~에 의존하다 (= rely on)

해석 | 은행에서 신용 한도를 저희 신용 점수에 맞춰 조정하겠다고 합니다.

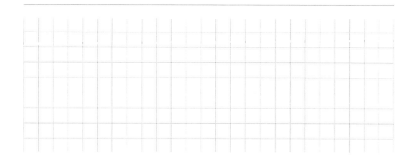

(328) refresh one's memory

예문 Please allow me to **refresh your memory** on outstanding amount.

> * **outstanding amount**: 미납금, 연체 금액 (= overdue amount)
> * **refresh one's memory**: ~의 기억을 새로이 하다, 상기시키다 (= remind, serve as a reminder)

해석 | 제가 미납금에 대해 당신의 기억을 상기시켜 드리겠습니다.

(329) the remaining

예문 Please pay for it in two installments, 30% of the total before shipment and **the remaining** 70% after shipment.

> * **installment**: 할부금, 분납금, 분할 불입, 분할
> * **the remaining**: 나머지 (= the rest, the remainder), 남은 것

해석 | 선적 전 총액의 30%, 선적 후 나머지 70%, 2회 분할로 지불해 주시기 바랍니다.

(330) in compliance with

예문 **In compliance with** your instructions, we have effected insurance with the Hankook Marine Insurance Co., Ltd., for US$20,000 on 200 units of hairdryers, to be shipped by the m/s "Keumkang", against ICC(A).

* in compliance with: ~와 일치하여, ~에 따라 (= in accordance with), ~에 맞게
* effect insurance with: ~에 보험을 들다, ~에 보험을 가입하다
* m/s: motor ship(내연 기선)의 약자, 선박명 앞에 나오는 접두어

해석ㅣ 귀사의 지시에 따라 당사는 금강호에 선적될 예정인 헤어드라이어 200개에 대한 미화 2만 달러를 협회적하보험약관(A) 조건으로 한국 해상 보험 회사에 보험을 가입했습니다.

Famous **quotes** *in English*

Fortune favors the prepared mind.

(행운은 준비된 사람에게만 온다.)

— Louis Pasteur

12. 선적, 배송, 반송

(331) as stipulated in

예문 The drafts are to be accompanied by a complete set of shipping documents **as stipulated in** the letter of credit.

> * be accompanied by: ~에 의해 동반되다, 수반되다, 제출되다
> * a complete set of: (책, 문서 등)의 전질, 완본, 전권, 전통, 완전한 세트
> * as stipulated in: ~에 명시된 대로, ~에 규정된 바와 같이 (= as specified in)

해석| 환어음은 신용장에 명시된 완전한 선적 서류 세트(전통)와 함께 제출되어야 합니다.

(332) all risks

예문 This shipment is covered for 110% of the invoice amount against **All Risks**.

* cover: (물품, 위험 등)에 보험을 들다, 보험에 가입하다 (= insure), ~에 적용 되다, ~하기에 족하다, ~에게 보장해 주다
* All Risks: 보험 회사가 통상적으로 담보하여 주는 위험은 물론 기타 특수 위험까지 일체를 담보(warranty)하는 조건, 즉 ICC(A) 전 위험 담보 조건임

해석| 이 선적품은 전 위험 담보 조건으로 송장 금액의 110%에 대해 부보 되었습니다.

---

(333) take delivery of

예문 The Buyer shall **take delivery of** the Products at the port of shipment, and title to the Products shall pass thereat.

* take delivery of: (제품 등)을 인수하다, 받다, 수취하다
* thereat: 그곳에서, 여기서는 at the port of shipment를 의미

해석| 구매자는 선적항에서 제품을 인도받아야 하며, 제품에 대한 소유권 은 거기에서 이전합니다.

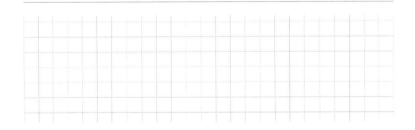

비즈니스 영어 핵심 패턴 500

(334) without further notice

예문 Failure to ship by December 20th may result in legal action **without further notice.**

* Failure to: ~하지 않는다면, ~하지 못하면
* result in: ~한 결과를 초래하다, ~로 끝나다
* without further notice: 더 이상의 통보 없이, 추가 통지 없이

해석 | 12월 20일까지 선적하지 않으시면 더 이상의 통보 없이 법적 조치를 취할 수 있습니다.

---

(335) rush in from

예문 Large orders are **rushing in from** Indonesia and near futures are fast running out.

* rush in from: ~로부터 밀려들다, 밀어닥치다, 쇄도하다
* near futures: 선물, 근일물, 최근 선적 물품
* run out: (공급품 등이) 다 떨어지다, 소진되다

해석 | 인도네시아로부터 대량 주문이 쇄도하고 있어 최근 선적 물품은 빠르게 소진되고 있습니다.

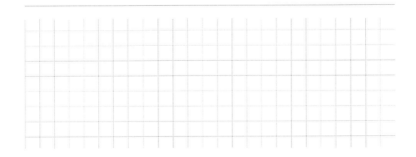

(336) take out a policy

예문 Please **take out a policy** on the goods by s.s. "Keumkang" from Incheon to Melbourne, for US$10 million.

> * take out a policy: 보험 계약을 체결하다 (= enter into an insurance contract), 보험에 가입하다 (= insure)
> * s.s.: 증기선(steamship)을 나타내는 선박 접두어로, 선박명 앞에 나옴

해석 | 인천에서 멜버른으로 가는 금강호에 의해 운송되는 화물에 대해 1000만 달러로 부보해 주시기 바랍니다.

> * 부보: 보험에 가입하기 위하여 보험 회사와 보험 계약을 맺는 일

---

(337) fail to

예문 You are warned that the shipment may be delayed if we **fail to** receive the L/C by this Thursday.

> * be warned that: ~을 주의하다 (= pay attention to), 기억하다 (= remember), 유념하다
> * fail to: ~하지 못하다, ~에 실패하다

해석 | 이번 주 목요일까지 저희가 신용장을 받지 못한다면 운송이 지연될 수 있다는 것을 기억해 주시길 바랍니다.

비즈니스 영어 핵심 패턴 500

(338) as for

예문 **As for** the shipment, we usually ship with Keumkang express service.

> * **As for**: ~에 관해 말하자면 (= regarding, when it comes to, speaking of)
> * **ship with**: (급행, 속달 서비스 등)으로 배송하다, 운송하다

해석 I 배송에 대해 말하자면, 저희는 보통 금강 급행 서비스로 배송합니다.

---

(339) goods in stock

예문 I have been informed that there are not enough **goods in stock**, so you can't deliver our order in advance.

> * **goods in stock**: 재고 (= inventory, stock), 재고품, 재고 상품
> * **in advance**: 미리 (= ahead of time), 사전에, 선금으로

해석 I 귀사의 재고가 충분하지 않아 저희 주문을 미리 보내 줄 수 없다는 소식을 듣게 되었습니다.

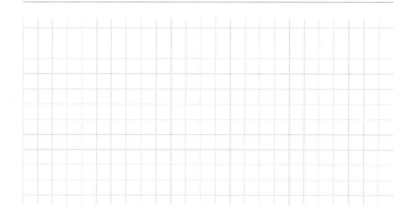

(340) up to now

예문 I am very sorry to inform you that the products we ordered from your company on November 15th have not reached us **up to now.**

* **be sorry to**: ～해서 유감이다 (= it's a pity that), ～해서 미안하다
* **up to now**: 현재까지 (= so far), 지금까지 (= until now)

해석 | 11월 15일에 저희가 귀사에 주문했던 제품들이 아직 저희 측에 도착하지 않았다는 것을 알리게 되어 유감입니다.

---

(341) look into

예문 Please **look into** the matter immediately and let us know when we can expect delivery.

* **look into**: ～을 들여다보다, (사고 등의) 진상을 조사하다 (= investigate), ～에 대해 자세히 알아보다, 파악하다
* **expect delivery**: 배송이 되다, 배송물을 받다, 배달되다

해석 | 부디 이 사안을 즉각적으로 파악하여 저희가 언제쯤 배송물을 받아볼 수 있을지 알려 주시기 바랍니다.

비즈니스 영어 핵심 패턴 500

(342) delay in delivery

예문 We are sorry to inform you of the cancellation of our order due to the **delay in delivery**.

> * **due to:** ～ 때문에 (= because of, owing to), ～로 인해
> * **delay in delivery:** 배송 지연, 인도 지연 (= delivery delay)

해석 | 유감입니다만 배송 지연으로 저희 측의 주문 취소를 통보해 드립니다.

---

(343) be put on sale

예문 Since those goods are to **be put on sale** toward the end of February, it is absolutely necessary that they reach us by January 30.

> * **be put on sale:** (상품 등)을 시장에 내놓다, 판매되다 (= be sold), 발매되다 (= be put on the market, be released)

해석 | 그 제품들은 2월 말경에 판매에 들어가야 하므로 1월 30일까지는 반드시 그 제품들이 당사에 도착해야 합니다.

(344) as scheduled

예문 **As scheduled**, your shipment will arrrive on Friday unless otherwise noted.

* As scheduled: 예정대로, 계획대로 (= according to program)
* shipment: (배, 비행기, 차량 등의) 적재물, 화물, 수송, 운송, 물품 (= goods, article, commodity)
* unless otherwise noted: 별도의 언급이 없다면, 달리 표기되지 않는 한

해석 | 예정대로 물품은 달리 명시되지 않는 한 금요일에 배송될 예정입니다.

---

(345) take special care to

예문 We will **take special care to** see that the goods be packed as per your instructions.

* take special care to: ~하는 데 특별한 배려를 하다, ~에 특별한 주의를 기울이다, 특별히 신경 쓰다 (= give extra attention to)
* as per: ~에 따라 (= in accordance with, according to)

해석 | 당사는 그 상품이 귀사의 지시에 따라 포장되도록 특별한 배려를 하겠습니다.

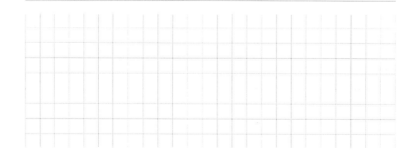

비즈니스 영어 핵심 패턴 500

(346) rest assured that

예문 You can **rest assured that** we will ship your order as soon as the dense fog dissipates.

> * rest assured that: ~을 안심하다, 확신하다, 믿다 (= feel assured that)
> * dissipate: 사라지다 (= disappear, fall away), 흩어서 없어지다

해석 | 짙은 안개가 사라지자마자 귀하의 주문을 배송해 드릴 테니 안심하셔도 됩니다.

---

(347) in spite of

예문 **In spite of** our best efforts, goods we deliver could be damaged or defective.

> * In spite of one's best efforts: 최선을 다했음에도 불구하고
> * be damaged or defective: 손상되거나 결함이 있는

해석 | 저희가 최선을 다했음에도 불구하고 저희가 배송하는 물품이 손상되거나 결함이 생길 수 있습니다.

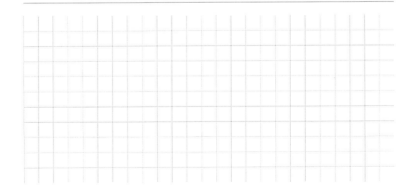

(348) courier service

예문 I just sent the reports by **courier service**, payment on delivery.

* **courier service**: 택배 (= door-to-door service, home- delivery service)
* **payment on delivery**: 착불, 즉 물품을 받는 쪽에서 배송비를 지불함

해석 | 보고서들을 택배 착불로 방금 보냈습니다.

---

(349) force majeure

예문 Please understand that the delivery were delayed in the consequence of **force majeure**.

* **in the consequence of**: ~의 결과로, ~ 때문에 (= because of, owing to), ~으로 말미암아
* **force majeure**: 불가항력, 즉 태풍, 홍수, 전쟁 등 모든 방법을 동원하여도 손해의 발생을 막을 수 없는 일

해석 | 배송은 불가항력 때문에 지연되었음을 이해해 주시길 바랍니다.

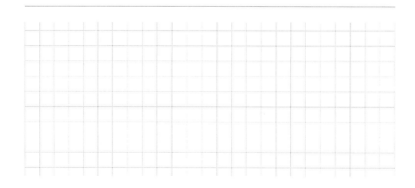

비즈니스 영어 핵심 패턴 500

(350) in such a manner that

예문 Our products are packed in cases **in such a manner that** movement inside the cases is impossible.

> * in such a manner that: ~하는 방식으로 (= in a way that), ~라는 식으로

해석 | 당사의 제품은 상자 내에서 이동이 불가능한 방식으로 포장되어 있습니다.

---

(351) be afraid that

예문 I **am afraid that** the dispatch will be delayed for about 5 days due to poor weather conditions.

> * be afraid that: ~해서 유감이다 (= it's a pity that)
> * dispatch: 명발송, 파견, 공문서 동파견하다, 신속히 처리하다, 발송하다
> * poor weather condition: 좋지 않은 기상 조건, 악천후

해석 | 유감스럽게도 기상 조건의 악화로 인해 발송이 5일 정도 지연될 것 같습니다.

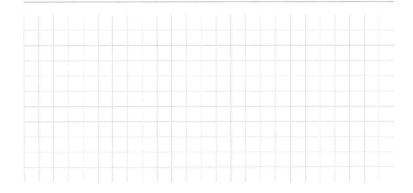

(352) in regard to

예문 **In regard to** the shortage, we deliver the remaining shipment as soon as possible.

> * In regard to: ~에 관해서는 (= As for, With reference to)

해석 | 부족한 상품에 대해서 저희는 최대한 빨리 나머지 상품들을 보내 드리도록 하겠습니다.

---

(353) at one's expense

예문 The shipping charge to send the goods back will be **at your expense.**

> * shipping charge: 배송료 (= delivery charge), 운송비 (= freight charge), 선적 비용, 운반비 (= transport charge)
> * send back: ~을 반송하다, 되돌려보내다, 돌려주다
> * at one's expense: ~의 비용으로 (= at one's cost), ~의 부담으로

해석 | 상품 반송에 따른 배송비는 귀사의 부담으로 하겠습니다.

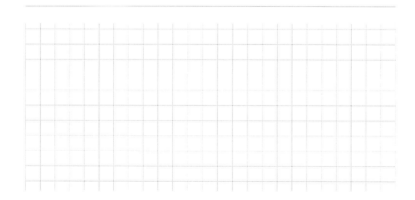

비즈니스 영어 핵심 패턴 500

(354) give refund for

예문 It is against our policy to **give refunds for** returned goods.

> * be against one's policy: ~의 정책에 어긋나다, ~에 반하다
> * give refund for: ~에 대해 환불하다 (= refund), 변상하다 (= reimburse, pay back)
> * returned goods: 반품, 반송품 (= returned purchases)

해석 | 반품된 물품을 환불해 드리는 것은 저희 회사의 정책에 어긋납니다.

Famous quotes in English

Only the person who has faith in himself is able to
be faithful to others.

(스스로를 신뢰하는 사람만이 다른 사람들에게 성실할 수 있다.)

— Erich Fromm

13. 불만 제기, 사과, 분쟁 해결

(355) in line with

예문 We were disappointed to find that the goods you sent to us is not **in line with** those described in the product description.

* be disappointed to: ~해서 실망하다 (= be disappointed that)
* in line with: ~와 부합하는 (= consistent with), ~와 일치되는 (= be in accord with), ~에 맞게

해석| 저희는 귀하께서 보내 주신 상품이 그 상품 설명서에 명시된 것들과 부합하지 않다는 것을 알고 실망했습니다.

비즈니스 영어 핵심 패턴 500

(356) be disappointed with

예문 We **are** very **disappointed with** the hairdryer sample you sent us yesterday.

> * **be disappointed with**: ~에 실망하다 (= yield to despair), 낙담하다 (= be discouraged)

해석 l 저희는 귀사가 어제 보내 주신 헤어드라이어 샘플에 매우 실망했습니다.

---

(357) be distorted

예문 When the goods arrived, we found that many goods were broken and some **were distorted**.

> * **be distorted**: (형태, 소리 등)이 변형되다, 뒤틀리다 (= be twisted)

해석 l 이 상품들이 도착하였을 때, 그중에 많은 것들이 부서졌으며 어떤 것들은 변형이 있다는 것을 발견하게 되었습니다.

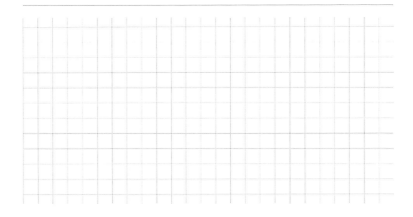

(358) in a damaged condition

예문 We regret that three cases of your shipment arrived **in a damaged condition**.

* shipment: 선적품 (= shipping goods), 적하 (= cargo), 발송, 선적 (= shipping)
* in a damaged condition: 손상된 상태로, 파손된 채

해석 l 귀사의 선적품 중 세 상자가 손상된 상태로 도착한 점에 대해 당사는 유감입니다.

---

(359) stuffing inside

예문 The **stuffing inside** the case was so loose that some cups and plates have been broken.

* stuffing inside: ~ 안에 채워 넣기, ~안에 적입함, 내부 적입

해석 l 상자 내부 적입이 너무 느슨해서 일부 컵과 접시가 파손되었습니다.

---

(360) attached list

예문 Please refer to the **attached list** of what should have been shipped.

* Please refer to: ~을 참고해 주세요
* attached list: 첨부된 목록, 첨부 리스트

해석 l 배송되었어야 할 품목을 담은 첨부 리스트를 참고해 주세요.

비즈니스 영어 핵심 패턴 500

(361) take issue with

예문 I must **take issue with** you on this point.

> * take issue with: ~에게 이의를 제기하다, 트집 삼다, ~을 문제 삼다 (= take seriously)

해석ㅣ 이 점에 대해서 귀하께 이의를 제기해야 하겠습니다.

---

(362) have no choice but to

예문 Otherwise, we might **have no choice but to** cancel the deal.

> * have no choice but to: ~해야만 한다 (= have to, must do), ~하지 않을 수 없다 (= have no alternative but to)

해석ㅣ 그렇지 않으면 저희는 거래를 취소해야 할지도 모릅니다.

---

(363) correspond to

예문 Your products do not **correspond to** our high standard of safety.

> * correspond to: ~에 부응하다, 일치하다 (= accord), 부합하다 (= coincide with)

해석ㅣ 귀사의 제품은 당사의 높은 안전 기준에 부응하지 않습니다.

---

(364) look for

예문 If you cannot deliver within the next week, we will have to **look for** another supplier.

> * look for: (해답, 방법, 일자리 등)을 찾아보다 (= search for), 찾다 (= seek)

해석 | 귀사께서 다음 주 내로 배송해 주지 못하신다면, 저희로서는 다른 공급처를 찾아볼 수밖에 없습니다.

---

(365) lay aside

예문 As you can see, the program which we talked about in the meeting had been **laid aside** for a long time.

> * lay aside: ~을 미루어 놓다 (= neglect), 제쳐 놓다 (= put aside), 포기하다 (= give up), 저축하다 (= save)

해석 | 아시다시피, 저희가 회의에서 얘기했던 프로그램은 오랜 시간 방치되어 있었습니다.

---

(366) leak to

예문 The security team discovered that the company data had been **leaked to** a competitor.

> * leak to: (정보, 데이터, 비밀 등)을 ~에 누설하다 (= disclose), 유출하다

해석 | 보안팀에서 회사 데이터가 경쟁 업체에 유출된 사실을 발견했습니다.

---

(367) end-user

예문 We have to think about **end-users** and their real problems.

> * **think about**: 생각하다 (= contemplate), 고려하다 (= consider)
> * **end-user**: 최종 사용자, 최종 소비자, 실수요자

해석 | 최종 사용자와 그들의 실제 문제에 대해 생각해야 합니다.

---

(368) reasonableness of claim

예문 Please compare the cullings enclosed and you will readily admit the **reasonableness of our claim**.

> * **cullings**: 발췌물 (= cuttings), 뽑아낸 물건
> * **reasonableness of claim**: (이의 제기, 청구 등) 클레임의 타당성

해석 | 동봉된 발췌물을 비교해 보시면 당사 클레임의 타당성을 기꺼이 인정할 것입니다.

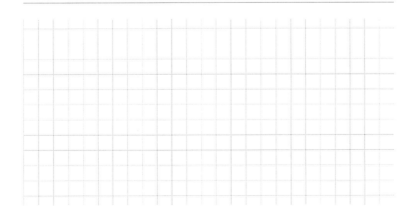

(369) in this regard

예문 Your prompt action **in this regard** would be very much appreciated.

> * prompt action: 즉각적 조치, 신속한 대응, 신속한 조치
> * in this regard: 이 점과 관련하여, 이 점에 있어서 (= in this respect), 이 사안과 관련하여 (= on this issue)

해석 | 이 사안과 관련하여 귀사가 즉각적인 조치를 취해 주시면 감사하겠습니다.

---

(370) work well

예문 We hear many grumbles from customers that the products they purchased don't **work well**.

> * grumble: 불평하다 (= complain), 불만을 말하다, 투덜대다 (= worry aloud)
> * work well: (제품, 기계 등이) 잘 작동하다 (= work fine)

해석 | 저희는 고객님들로부터 그들이 구매한 상품이 잘 작동하지 않는다는 불평을 많이 들었습니다.

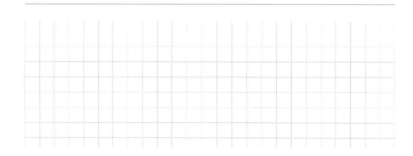

(371) cut down

예문 We will do our best to **cut down** the mistakes of this sort in the future.

* **do one's best**: 최선을 다하다 (= do whatever we can)
* **cut down**: (수량, 규모 등)을 줄이다 (= reduce, lessen)

해석 | 앞으로는 이런 실수를 줄이도록 최선을 다하겠습니다.

---

(372) feel sorry for

예문 I **feel** deeply **sorry for** the inconvenience we have caused you.

* **feel sorry for**: ~에 대해 죄송함을 가지다, 미안함을 느끼다
* **inconvenience**: 불편 (↔ convenience), 폐, 애로, 성가신 일

해석 | 귀하께 불편을 드려 진심으로 죄송합니다.

---

(373) assume responsibility for

예문 We **assume** financial **responsibility for** all services rendered.

* **assume responsibility for**: ~에 대한 책임을 지다, 비용을 부담하다 (= bear expenses)
* **render**: 제공하다 (= provide), 만들다 (= make), 제시하다, 제출하다 (= present)

해석 | 제공된 모든 서비스에 대한 금전적인 책임을 지겠습니다.

---

(374) sincerely apologize for

예문 We **sincerely apologize for** any inconvenience this have caused you.

* sincerely apologize for: ～에 대해 진심으로 사과하다
* inconvenience: 불편 (↔ convenience), 불편한 일, 성가신 것, 불편 사항 (= complaints)

해석 | 이 점으로 불편을 드린 것에 대해 진심으로 사과드립니다.

---

(375) above-mentioned

예문 We would like to sincerely apologize for the delay in settling the **above-mentioned** invoice.

* above-mentioned: 앞서 언급한, 상기의, 전술의 (= foregoing, preceding)

해석 | 앞서 언급한 송장 결제가 지연된 점에 진심으로 사과드립니다.

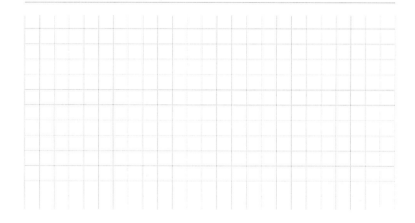

비즈니스 영어 핵심 패턴 500

(376) returned items

예문 We will certainly exchange goods for you as soon as possible when we receive the **returned items**.

> * **exchange goods**: 상품을 바꾸다, 물품을 교체하다 (= replace goods), 물품을 교역하다 (= trade goods)
> * **returned items**: 반송 물품 (= returned goods), 반송품, 반품

해석 l 저희는 상품 환불을 받자마자 최대한 빨리 귀하께 반드시 상품을 교체해 드리겠습니다.

---

(377) regret to inform

예문 I **regret to inform** you that we found an error in the supplier invoice.

> * **regret to inform**: 유감스럽게도 ~임을 알리다, ~해서 유감이다
> * **invoice**: 송장, 명세서, (명세, 내역 등을 기재한) 청구서 (= bill)

해석 l 공급자 송장에 오류가 발견되었다는 것을 알려 드리게 되어 유감입니다.

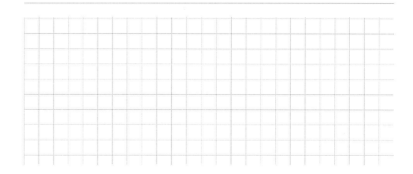

(378) put forward

예문 Please give us an explanation promptly and **put forward** possible solutions.

* **possible solution**: 가능한 해결책, 해결 가능한 방법
* **put forward**: 제안하다 (= propose), 제시하다 (= present), 제기하다 (= set forth)

해석 I 저희에게 즉시 해명해 주시고 해결 가능한 방법을 제시해 주시길 바랍니다.

---

(379) make use of

예문 We **make use of** a machine learning engine to improve our customer service.

* **make use of**: ~을 이용하다 (= take advantage of, use)
* **machine learning engine**: 머신 러닝 엔진, 기계 학습 장치

해석 I 우리는 고객 서비스를 개선하기 위해 머신 러닝 엔진을 사용합니다.

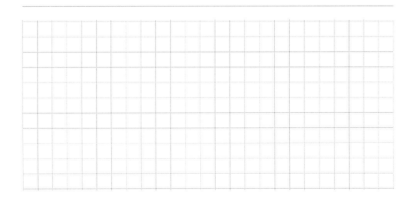

(380) legal proceedings

예문 If we do not receive payment by tomorrow, we will have to start **legal proceedings**.

* receive payment: 대금을 받다, 지불받다, 결제를 받다
* legal proceedings: 소송 절차, 법적 절차 (= legal action)

해석 l 만일 내일까지 대금을 수령하지 못한다면, 당사는 법적 절차를 밟을 수밖에 없게 될 것입니다.

---

(381) be liable for

예문 We hope to reach an amicable settlement as soon as possible because your company **is liable for** the damage.

* be liable for: ～에 대한 책임이 있다 (= be responsible for)

해석 l 귀사가 이 손해에 대한 책임이 있으므로 당사는 가능한 한 빨리 원만한 해결에 이르기를 바랍니다.

---

(382) in the best way

예문 I hope to solve this problem **in the best way** possible.

* in the best way: 가장 좋은 방법으로, 최선의 방법으로

해석 l 저는 가능한 가장 좋은 방법으로 이 문제가 해결되기를 바랍니다.

---

(383) breach-of-contract lawsuit

예문 I am writing to inform you that we have decided to withdraw our **breach-of-contract lawsuit** against your company.

* **decide to:** ~하기로 결정하다 (= make one's decision to)
* **breach-of-contract lawsuit:** 계약 불이행 소송, 계약 위반에 대한 소송

해석ㅣ 저희 회사는 귀사를 상대로 제기했던 계약 불이행 소송을 취하하기로 결정했다는 것을 알려 드립니다.

Famous quotes in English

The superior man is modest in speech,
but exceeds in his actions.

(위대한 사람은 말은 겸손하지만, 행동이 남보다 뛰어나다.)

— 공자

14.

감사 표현

384 timely help

예문 Thank you for your continued support and **timely help.**

* **continue**: 지속하다 (ex. continued support, 지속적 지지), 계속하다
* **timely help**: 시기적절한 도움 (↔ untimely help), 때맞춘 지원 (= timely assistance)

해석 | 지속적인 지지와 시기적절한 도움에 대해 감사드립니다.

(385) contribute to

예문 Your time and efforts **contributed to** our understanding of the global market situation.

* contribute to: ~에 헌신하다, 기여하다, 공헌하다, 도움을 주다 (= help)
* global market situation: 글로벌 시장 상황, 세계 시장 여건

해석 | 귀하의 시간과 노력은 우리가 글로벌 시장 상황을 이해하는 데 도움이 되었습니다.

---

(386) be thankful for

예문 We **are thankful for** your pointing out the problem with the delivery.

* be thankful for: ~에 고맙게 생각하다, 감사함을 표하다 (= appreciate)
* point out: ~을 지적하다, 가리키다 (= direct, indicate), 주목하다

해석 | 배송과 관련된 문제점을 지적해 주신 것에 감사함을 표합니다.

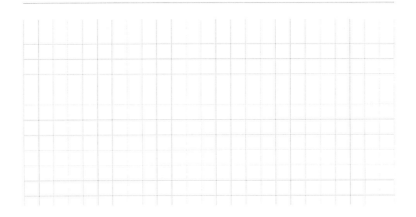

(387) show one's appreciation

예문 We want to **show our appreciation** that our products could win recognition from you.

> * **show one's appreciation**: 감사를 표하다 (= express one's gratitude), 고마움을 표현하다
> * **win recognition**: (존재, 품질 등)을 인정받다 (= be recognized)

해석 | 저희 제품이 귀하께 인정을 받게 된 것에 대해 매우 감사하다는 말씀을 전하고 싶습니다.

---

(388) in such a short time

예문 Thank you very much for your kindness and assistance in sending us samples that we wanted **in such a short time**.

> * **assistance**: 원조, 지원 (= support), 조력, 도움 (= help, aid)
> * **in such a short time**: 짧은 시간 내에, 단기간에, 촉박한 시간 안에

해석 | 이렇게 촉박한 시간 내에 저희가 원하는 견본을 보내 주신 귀하의 호의와 지원에 대해 진심으로 감사드립니다.

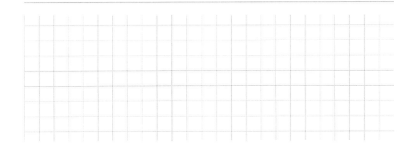

(389) future endeavor

예문 I wish you every success in your **future endeavors**.

> * **future endeavor**: 장래의 노력 (= future exertion), 미래의 시도 (= future attempt)

해석 | 향후 하시는 모든 일에 있어 계속 성공하시길 기원합니다.

---

(390) take every care to

예문 Thank you for **taking every care to** ensure our products were delivered in good condition.

> * **take every care to**: ~에 세심한 주의를 기울이다, 신경을 많이 쓰다 (= care more about, take good care of)
> * **ensure that**: ~을 책임지다, 확실하게 ~하다, ~을 보증하다
> * **in good condition**: 좋은 상태로 (= in good order)

해석 | 저희가 좋은 상태로 제품을 수령할 수 있도록 신경을 많이 써 주셔서 감사드립니다.

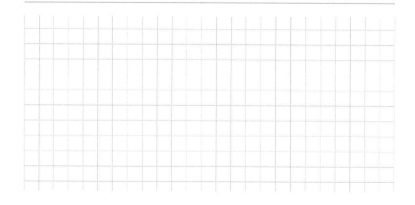

비즈니스 영어 핵심 패턴 500

(391) return one's favor

예문 I look forward to an opportunity of **returning your favor** in the near future.

> ∗ **look forward to**: ~을 기대하다, 고대하다 (= anticipate, long for)
> ∗ **return one's favor**: ~의 호의에 보답하다, 은혜를 갚다

해석 | 조속한 시일 내에 귀사의 호의에 보답할 수 있는 기회를 갖게 되길 바랍니다.

---

(392) be pleased with

예문 We hope the goods reach you safely and that you will **be pleased with** them.

> ∗ **be pleased with**: ~에 만족하다 (= be satisfied with), ~이 마음에 들다

해석 | 물품이 귀하께 무사히 도착하길 바라며, 받아 보신 물품에 만족하시길 바랍니다

Famous quotes in English

Well done is better than well said.

(말보다 실천이 낫다.)

— Benjamin Franklin

15.

축하, 칭찬, 추천, 격려

393 in addition

예문 **In addition**, you have devoted much time and energy to this field, and achieved considerable accomplishments.

> * In addition: 게다가, 뿐만 아니라 (= besides, moreover)
> * considerable accomplishment: 상당한 업적, 상당한 성과

해석 | 게다가 귀하께서는 이 분야에 많은 시간과 열정을 쏟아 왔으며 상당한 업적을 이뤄 왔습니다.

(394) be thrilled to

예문 We **are thrilled to** have you on board. You will be a great addition to our team.

* be thrilled to: ~하여 매우 기쁜, 흥분되는 (= be excited to)
* have one on board: 누구를 합류하게 하다, ~와 함께 일하다
* addition: 추가, 더함, 덧셈, 도움이 되는 사람

해석ㅣ 당신이 합류해 주셔서 너무 기쁩니다. 당신은 저희 팀에 아주 훌륭한 인재가 될 것입니다.

---

(395) in tune with

예문 Your proposal is perfectly **in tune with** our own thoughts on the subject.

* in tune with: ~와 (의견, 감정 등)이 일치하는, 장단이 잘 맞는, 조화되는

해석ㅣ 귀하의 제안은 그 주제에 대한 우리의 생각과 완벽하게 일치합니다.

---

(396) be fashionable

예문 Because the design **is** so beautiful and **fashionable**, we like it very much.

* be fashionable: 유행을 따른 (ex. fashionable goods, 유행하는 상품), 세련된 (= be classy), 유행의

해석ㅣ 디자인이 너무 예쁘고 세련되어서 저희는 그것이 참 마음에 듭니다.

---

(397) think out of the box

예문 You are very creative. You **think out of the box** all the time.

> * think out of the box: 고정 관념에서 벗어나다 (= be free from stereotypes), 독창적으로 생각하다

해석 | 당신은 매우 창의적입니다. 항상 고정 관념에서 벗어나 있네요.

---

(398) at the moment

예문 I love your idea, but I don't think that's actionable **at the moment**.

> * actionable: 실행 가능한 (= practicable, feasible, workable), 바로 이용할 수 있는
> * at the moment: 지금 (= now), 현재 (= at present, currently)

해석 | 당신의 아이디어는 좋지만, 현재로서는 실현 가능하지 않을 것 같습니다.

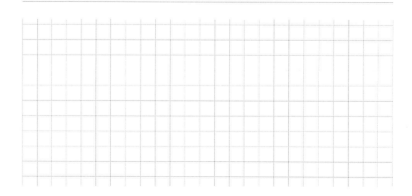

비즈니스 영어 핵심 패턴 500

(399) in general

예문 Your report looks fantastic **in general**. It just needs a minor tweak.

> * **in general**: 일반적으로 (= generally), 전체적으로 (= on the whole), 대체로 (= overall, largely)
> * **tweak**: 약간의 수정, 개조, 미세 조정 (= fine tuning, fine adjustment)

해석 | 당신의 보고서는 대체로 훌륭합니다. 약간만 수정하면 되겠어요.

---

(400) have credentials for

예문 You seem to **have** all the **credentials for** the job.

> * **have credentials for**: ~에 대한 자격을 갖추다 (= be qualified for)

해석 | 당신은 그 일에 필요한 모든 자격 요건을 가지고 있는 것 같군요.

---

(401) gain good reputation

예문 We have a profitable year based on our cooperation, and we **gain good reputation** from customers.

> * **profitable**: 이익이 되는, 유리한, 수익성 있는, 유익한 (= rewarding)
> * **gain good reputation**: 좋은 평판을 얻다, 명성을 얻다

해석 | 저희는 협력 덕분에 수익성 있는 한 해를 보냈으며, 고객들로부터 좋은 평을 들었습니다.

---

(402) company direction

예문 Our general manager is always a man wih clear goals and knows how to decide with respect to **company direction**.

  * **with respect to**: ∼에 관하여 (= with reference to), ∼에 대해서
  * **company direction**: 회사의 나아갈 방향 (= company's vision)

해석 । 저희 본부장님은 항상 명확한 목표를 가지고 회사의 방향에 관해 어떤 결정을 내려야 하는지 아시는 분입니다.

---

(403) be impressed with

예문 I **was impressed with** your state-of-the-art facilities.

  * **be impressed with**: ∼에 감명받다 (= be impressed by), ∼이 인상적이다
  * **state-of-the-art facility**: 최신식 시설, 최첨단 설비

해석 । 귀사의 최신식 설비에 감명받았습니다.

---

(404) reach one's goal

예문 It's been a pleasure helping you **reach your goal**.

  * **It's been a pleasure ∼**: ∼할 수 있어 행복했다, 기뻤다
  * **reach one's goal**: 목표를 이루다 (= achieve one's goal)

해석 । 귀사가 목표를 이루는 데 도움을 드릴 수 있어 행복했습니다.

---

(405) make a fortune for

예문 The first employees **made a fortune for** the stock after the company's IPO.

> * make a fortune for: (투자 등)으로 큰돈을 벌다 (= build up a fortune), 부자가 되다
> * IPO: Initial Public Offering의 약어, 즉 기업의 주식 및 경영 내용의 공개, 즉 기업의 원활한 자금 조달과 재무 구조 개선을 도모하고 국민의 기업 참여를 장려하여, 국민 경제의 건전한 발전에 기여함을 목적으로 수행하는 경영 활동을 말함

해석 첫 직원들은 회사의 기업 공개 후 주식으로 큰돈을 벌었습니다.

---

(406) work toward

예문 I **worked** diligently **toward** the company's goal.

> * work toward: ~을 향해 나아가다, ~을 목표로 일하다

해석 저는 회사 목표를 위해 열심히 일했습니다.

---

(407) strongly recommend

예문 I would not hesitate to **strongly recommend** him to your company.

> * hesitate to: ~하는 것을 주저하다, 망설이다 (= hold back, hang back)
> * strongly recommend: 강력 추천 하다, 천거하다 (= suggest)

해석 저는 한 치의 망설임도 없이 귀사에 그를 강력히 추천하고자 합니다.

---

(408) give it a shot

예문 I highly recommend that you **give it a shot**.

> * highly recommend: ~을 적극 추천하다
> * give it a shot: 한번 해 보다 (= make an attempt or effort to do something), 시도하다 (= give it a try)

해석ㅣ귀하께서 한 번 시도해 볼 것을 적극 추천 드립니다.

---

(409) be satisfied with

예문 I guess you **are** quite **satisfied with** the quality of our goods and our customer service.

> * be satisfied with: ~에 만족하다 (= be gratified with, be content with)

해석ㅣ고객님은 저희 상품의 품질과 고객 서비스에 매우 만족하시는 것 같습니다.

---

(410) go through

예문 We would like to help your company **go through** the difficult time.

> * go through: (과정, 단계 등)을 거치다, 헤쳐 나가다 (= overcome, win out), (어려운 일 등)을 겪다
> * difficult time: 어려운 시기, 힘든 시간 (= hard time)

해석ㅣ저희는 귀사가 힘든 시기를 헤쳐 나갈 수 있게 돕고 싶습니다.

---

(411) get back to the drawing board

예문 I hope this idea works. Otherwise, we need to **get back to the drawing board**.

- **work**: 효과가 있다 (= be effective), 작용하다, 영향을 미치다 (= affect)
- **Otherwise**: 만약 그렇지 않으면 (= if not), ~하는 경우 외에
- **get back to the drawing board**: (이전의 계획 등이 실패한 후) 처음부터 다시 시작하다

해석 | 이 아이디어가 먹히길 바랍니다. 그렇지 않으면 우리는 처음부터 다시 시작해야 합니다.

---

(412) turn out

예문 I hope everything will **turn out** all right.

- **turn out**: ~로 결론이 나다 (= reach a conclusion), (일, 상황 등)이 끝나다, ~을 생산하다

해석 | 모든 일이 잘되길 바랍니다.

---

(413) burn out

예문 You work 24/7. You'll **burn out** before you reach the goal.

- **work 24/7**: 하루 종일 일하다, 연중무휴로 쉬지 않고 일하다
- **burn out**: 심신이 소모되다, 신경 쇠약에 걸리다, 완전 지치다

해석 | 당신은 쉬지 않고 일합니다. 목표에 도달하기 전에 지쳐 버릴 거예요.

---

(414) get the ball rolling on

예문 I hope to **get the ball rolling on** the new project next week.

> * get the ball rolling on: ~에 진척이 있다 (= make headway in), ~을 계속 진행하다

해석ㅣ다음 주에는 새 프로젝트에 진척이 있기를 바랍니다.

---

(415) set out

예문 The team deliberately **set out** to make the big transition.

> * deliberately: 의도적으로, 신중히, 일부러, 고의로, 계획적으로
> * set out: ~을 시작하다 (= start), 출발하다, 착수하다 (= commence)
> * make the big transition: (다른 형태, 상황 등으로의) 대전환을 하다, 큰 변화를 가져오다

해석ㅣ그 팀은 의도적으로 큰 전환점을 만들기 시작했습니다.

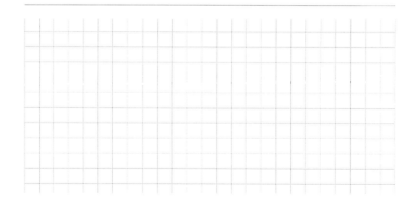

Famous quotes in English

The most certain way to succeed is always to try just
one more time.
(가장 확실한 성공 방법은 항상 한 번 더 시도하는 것이다.)

— Thomas A. Edison

16. 회의 및 프레젠테이션

(416) **leave off**

예문 Let's pick up where we **left off** the last meeting.

* pick up: ~을 다시 시작하다, 의논하다 (= discuss)
* leave off: 중단하다 (= cease), 멈추다, 남겨 두고 떠나다

해석 | 지난 회의에서 남겨 둔 부분부터 시작합시다.

비즈니스 영어 핵심 패턴 500

417 kick-off meeting

예문 We had a **kick-off meeting** to get the project started.

> * kick-off meeting: 시무식 (= opening ceremony), (조직 등의) 첫 공식 회의, 킥오프 미팅

해석 | 우리는 프로젝트를 시작하기 위해 킥오프 미팅을 가졌습니다.

---

418 go over one's head

예문 What you said in the meeting **went over my head**.

> * go over one's head: ~의 능력 밖이다, ~이 이해하기 어렵다

해석 | 당신이 회의에서 한 말은 제게 너무 어려웠습니다.

---

419 wrap up

예문 Before we **wrap up** the meeting, can I ask a follow-up question?

> * wrap up: 마무리 짓다 (= finalize, wind up), 끝내다 (= finish)
> * follow-up question: 추가 질문, 후속 질문

해석 | 회의를 끝내기 전에, 추가 질문 하나 해도 될까요?

---

(420) train of thought

예문 He disrupted my **train of thought** entirely during the meeting.

- *disrupt: 방해하다 (= disturb, impede, interrupt, hinder), 혼란케 하다 (= confuse)
- *train of thought: 생각의 흐름 (= flow of thought), 맥락

해석 | 그는 회의 중에 제 생각을 완전히 방해했어요.

---

(421) blue-sky thinking

예문 We are not talking about **blue-sky thinking** here.

- *blue-sky thinking: 비현실적인 생각 (= unrealistic thinking), 공상적인 사고 (= chimerical idea), 자유로운 사고

해석 | 우리는 여기에서 비현실적인 생각을 이야기하는 것이 아닙니다.

---

(422) cordially invite

예문 We **cordially invite** you to attend our annual meeting.

- *cordially invite: 정중하게 초대하다 (= invite politely), 진심으로 초대하다 (= invite sincerely)

해석 | 당사의 연례 회의에 귀하를 정중하게 초대합니다.

---

(423) fix the date for

예문 We need to **fix the date for** the next meeting.

> * fix the date for: ~에 대한 날짜를 잡다, 기일을 정하다 (= set a time limit for)

해석┃다음 회의 날짜를 정해야 합니다.

---

(424) call it a day

예문 Let's **call it a day**. We'll revisit this topic another time.

> * call it a day: 오늘은 그만하기로 하다 (= stop for today), 이만하다
> * revisit: (특정 제안, 아이디어 등)을 재고하다 (= reconsider), 다시 논의하다 (= discuss again)

해석┃오늘은 이만하죠. 이 주제는 다음에 다시 논의하겠습니다.

---

(425) depend on

예문 The success or failure of the matter **depends on** how we proceed from now on.

> * depend on: ~에 달려 있다, ~에 의존하다 (= rely on)
> * proceed: 처리하다 (= deal with), 진행하다, 전진하다, 착수하다

해석┃일의 성패는 이제부터 우리가 어떻게 해 나가는가에 달렸습니다.

---

(426) leave oneself open

예문 We need to **leave ourselves open** to a wide range of possible ideas.

* leave oneself open: ~의 마음을 열어 놓다, 노출시키다 (= expose one's mind)
* a wide range of: 다양한 종류의, 넓은 범위의, 광범위한

해석 | 넓은 범위의 가능한 아이디어들에 마음을 열어 둘 필요가 있습니다.

---

(427) stumbling block

예문 The tight budget could prove a **stumbling block** to the project.

* tight budget: 긴축 예산 (= reduced budget), 빠듯한 예산
* stumbling block: 장애물 (= obstacle, hindrance), 걸림돌, 방해물

해석 | 빠듯한 예산은 그 프로젝트에 걸림돌이 될 수 있습니다.

---

(428) more than expected

예문 My concern is that the project budget can cost **more than expected**.

* One's concern is that: 염려 사항은 ~라는 것이다
* more than expected: 예상보다, 당초보다, 기대치보다

해석 | 이 프로젝트 예산이 예상보다 초과될 우려가 있습니다.

---

(429) talk in circles

예문 We're **talking in circles** here. Let's move on to the next topic.

* talk in circles: 초점 없이 이야기하다, 중언부언하다 (= say over again)
* move on to: (새로운 일, 주제 등)으로 옮기다 (= shift, transfer), 이동하다

해석 | 우린 지금 초점 없이 이야기를 하고 있습니다. 다음 주제로 넘어가 시지요.

---

(430) run into

예문 We have **run into** difficulties with the new project.

* run into: ~을 우연히 만나다, (곤란한 상황 등)에 부딪히다 (= bump into), 직면하다 (= confront, face up to)

해석 | 우리는 새 프로젝트와 관련해서 난관에 봉착했습니다.

---

(431) get off the track

예문 It sounds like you're somewhat **getting off the track**.

* get off track: 주제에서 벗어나다, 본론에서 벗어나다

해석 | 당신은 조금 주제에서 벗어난 것 같습니다.

---

(432) cut to the chase

예문 Let's **cut to the chase**. Can you finish the report on time?

> * **cut to the chase**: 본론으로 들어가다 (= get to the point)

해석 | 본론으로 들어가죠. 보고서를 제시간에 끝낼 수 있습니까?

---

(433) seasoned worker

예문 Even **seasoned workers** sometimes get off track when they are distracted.

> * **seasoned worker**: 경험이 많은 직원, 노련한 근로자
> * **get off track**: 요점에서 벗어나다, 주제에서 벗어나다
> * **distracted**: 마음이 산란한 (= shook-up), 주위가 산만한 (= unfocused)

해석 | 노련한 직원들도 주위가 산만해지게 되면 가끔 요점에서 벗어납니다.

---

(434) be a bit down

예문 The CEO said that our numbers **are a bit down** this quarter on the earnings call.

> * **be a bit down**: (가격, 물가, 수준, 이익 등)이 좀 떨어지다 (= go down a bit, fall a bit), 낮아지다
> * **earnings call**: (재무 성과를 공유하기 위한) 수익 결산 회의

해석 | CEO께서 이번 분기 실적이 좀 떨어졌다고 수익 결산 회의에서 말씀하셨습니다.

비즈니스 영어 핵심 패턴 500

(435) take part in

예문 The company paid per diem and travel expenses for all the employees who **took part in** business strategy meeting.

> * **per diem**: 출장비 (= per diem and travel expenses)
> * **take part in**: ~에 참가하다, 참여하다 (= participate)

해석 회사는 경영 전략 회의에 참가한 모든 직원들에게 출장비를 지급했습니다.

---

(436) potential partnership

예문 I just wanted to discuss a **potential partnership** with you.

> * **wanted to**: ~하기를 원하다 (현재형 'want to'보다 더 공손한 표현)
> * **potential partnership**: 잠재적 협력 관계, 가능한 파트너십

해석 향후 가능한 파트너십에 대해 논의하려고 합니다.

---

(437) with regard to

예문 **With regard to** the new project, I have a couple of questions.

> * **With regard to**: ~와 관련해서, ~에 관하여 (= with reference to, in regard to)

해석 새로운 프로젝트와 관련해서 몇 가지 질문이 있습니다.

---

(438) bring in

예문 Your company has **brought in** any diverse products to the market recently.

> * bring in: (신제품, 모델 등)을 선보이다 (= introduce), (제도, 법률 등)을 도입하다

해석 | 귀사에서는 최근 많은 다양한 제품들을 시장에 선보였습니다.

---

(439) collaborate closely with

예문 We will need to **collaborate closely with** the engineers on our new project.

> * collaborate closely with: ~와 긴밀하게 협력하다 (= cooperate closely with)

해석 | 우리는 개발자들과 새로운 프로젝트에 대해 긴밀한 협력이 필요합니다.

---

(440) pressing need

예문 We have more **pressing needs** to tend to.

> * pressing need: 절박한 필요, 긴급한 문제 (= urgent issue), 절실한 문제
> * tend to: ~을 돌보다 (= take care of), 보살피다, ~하는 경향이 있다

해석 | 당장 신경 써야 하는 급한 문제가 있습니다.

---

(441) resort to

예문 In the circumstances, we have no alternative but to **resort to** corporation reorganization.

> * **In the circumstances**: 이런 상황에서 (= under the circumstances)
> * **have no alternative but to**: ~외에는 별다른 대책이 없다 (= have no choice but to), 선택의 여지 없이 ~해야 한다
> * **resort to**: ~에 의지하다 (= rely on), 도움을 청하다
> * **corporation reorganization**: 회사 재조직, 재편성, 구조 조정

해석| 이런 상황에서 우리는 다른 선택의 여지 없이 구조 조정에 들어갈 수밖에 없습니다.

---

(442) be brief

예문 I know you're busy, so I'll **be brief**.

> * **be brief**: 간단하게 말하다 (= make something brief), 요점을 말하다

해석| 바쁘신 거 알기 때문에 간단하게 말씀드릴게요.

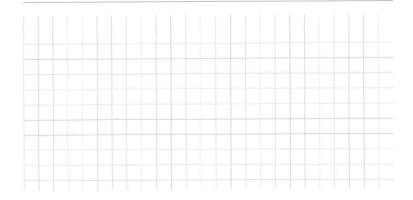

(443) come out of it with

예문 The meeting was very productive, and I **came out of it with** three action points.

- ✱ **come out of it with**: (그것으로부터) ~을 얻다, ~을 갖고 나오다
- ✱ **action point**: (회의 등에서 제기된) 행동 방침, 조치 방안

해석ㅣ 그 회의는 매우 생산적이었으며, 저는 세 가지 조치 방안을 얻었습니다.

---

(444) significant overhaul

예문 This report is going to need a **significant overhaul**.

- ✱ **significant overhaul**: (제도, 방식 등의) 총점검, 중대한 점검, 전면적 정비
  (= complete overhaul, all-out overhaul)

해석ㅣ 이 보고서는 크게 수정이 필요할 것입니다.

---

(445) put off

예문 It would be nearly impossible to **put off** the conference call.

- ✱ **put off**: (회의, 약속 등)을 연기하다 (= postpone, delay), 미루다
- ✱ **conference call**: (여럿이 하는) 전화 회의, 다자간 전화 통화

해석ㅣ 컨퍼런스 콜을 미루는 것은 거의 불가능해 보입니다.

---

(446) take into account

예문 For our new marketing campaign, we should **take into account** using Instagram influencers.

> * **take into account**: ~을 고려하다 (= consider, contemplate), 감안하다

해석ㅣ 새로운 마케팅 캠페인을 위해 인스타그램 인플루언서를 이용하는 것을 고려해야 합니다.

---

(447) end up with

예문 If we leave things as they are, we could **end up with** bad results.

> * **as they are**: 있는 그대로, 지금과 같이 (= as it is now)
> * **end up with**: 결국 ~하게 되다 (= result in)

해석ㅣ 상황을 이대로 두면 안 좋은 결과가 올 수 있습니다.

---

(448) edutainment value

예문 The strength of this project is its competitive price and its **edutainment values**.

> * **edutainment value**: 에듀테인먼트 가치, (특히 초등학교 학생을 위한) 교육 효과와 오락성을 함께 한 TV 프로그램 · 영화 · 책 등의 콘텐츠 가치

해석ㅣ 이 프로젝트의 강점은 경쟁력 있는 가격, 그리고 오락성을 겸비한 교육적 가치입니다.

---

(449) first-mover advangtage

예문 It turns out the **first-mover advangtage** is mostly a myth.

> * **turn out**: (사실 등)이 판명되다, 밝혀지다, (결국) ~로 끝나다 (= end up with)
> * **first-mover advangtage**: 선점 우위 효과, 선발자 우위 이론

해석Ⅰ 선발자 우위 이론은 대체로 잘못된 통념이라는 것이 밝혀졌습니다.

---

(450) last but not least

예문 **Last but not least**, all the contents of the meeting should be kept strictly confidential.

> * **Last but not least**: 마지막으로 덧붙일 중요한 말씀은, 마지막으로 중요한 말씀을 드리자면
> * **keep strictly confidential**: 극비로 하다 (= keep absolutely secret), 철저히 비밀로 유지하다 (= be thoroughly secret)

해석Ⅰ 마지막으로 중요한 말씀을 드리자면, 모든 회의 내용은 극비로 해 주십시오.

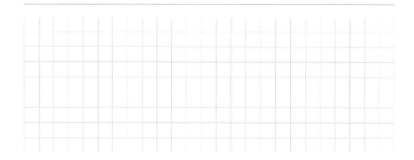

(451) feel confident

예문 We **feel confident** that our new products will help you to expand your market.

> * **feel confident**: ~을 확신하다 (= be convinced, be sure), 자신이 생기다
> * **expand one's market**: ~의 시장을 확대하다 (= enlarge one's market), 늘리다

해석ㅣ 당사의 신제품들이 귀사의 시장 확대에도 도움이 될 것이라고 확신합니다.

---

(452) stay ahead of the curve

예문 We need to **stay ahead of the curve.**

> * **stay ahead of the curve**: (일, 생각 등에서) 다른 사람보다 앞서 나가다 (↔ stay behind the curve), 경쟁에서 앞서다

해석ㅣ 우리는 경쟁에 앞서 나가야 합니다.

---

(453) take the lead in

예문 We need to step up our competition and **take the lead in** our industry.

> * **step up**: ~을 강화하다 (= reinforce), 힘을 보태다, 협력하다
> * **take the lead in**: ~에서 주도권을 잡다 (= take the initiative in), 선두에 서다 (= be at the head)

해석ㅣ 우리는 업계에서 경쟁을 강화하고 주도해 나가야 합니다.

---

(454) bring up

예문 Something is missing in the presentation. I am going to **bring** it **up** with the team tomorrow.

* **bring up**: (화제 등)을 꺼내다 (= raise), 상의하다 (= consult, discuss)

해석| 프레젠테이션에 뭔가 빠진 게 있어요. 내일 팀원들과 상의할 겁니다.

---

(455) without further ado

예문 **Without further ado**, I'll hand it over to the presenter.

* **without further ado**: 더 이상 지체하지 않고, 더 끌지 않고 (= without any further delay)
* **hand over**: 이양하다, 넘겨주다, 인도하다

해석| 더 이상 지체 없이 발표자가 시작하도록 하겠습니다.

---

(456) lucrative endeavor

예문 I believe that this new project will be a **lucrative endeavor**.

* **lucrative endeavor**: 수익성이 있는 시도 또는 노력 (= profitable work)

해석| 이 새로운 프로젝트가 수익성이 있는 일이라고 믿습니다.

(457) based on

예문 Higher profits are expected to be gained for both of us **based on** our cooperation, which will certainly benefit both of us.

* **be expected to**: ~할 것으로 기대되다 (= be anticipated to), 예상되다
* **based on**: ~에 근거한 (= on the basis of), ~을 바탕으로 한

해석| 협력 덕에 저희는 보다 높은 이윤을 얻게 될 것이며, 이는 분명 양측 모두에게 이익이 될 것입니다.

---

(458) put together

예문 Let's **put together** a presentation for tomorrow's shareholder meeting.

* **put together**: ~을 준비하다 (= prepare for), 만들다 (= arrange for)
* **shareholder meeting**: 주주 총회 (= stockholder meeting)

해석| 내일 주주 총회를 위해 프레젠테이션을 준비합시다.

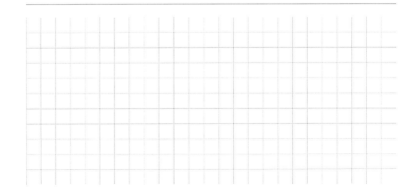

(459) place great emphasis on

예문 There is one point that we would like to **place great emphasis on**.

> * place great emphasis on: ~에 대해 특히 강조하다, 큰 역점을 두다 (= put significant emphasis on)

해석 I 저희가 특히 강조하고 싶은 점이 있습니다.

---

(460) set forth

예문 I will **set forth** a product strategy to collect your feedback.

> * set forth: 발표하다 (= present, release, roll out), 설명하다 (= expound)
> * feedback: 조언, 의견, 피드백 (ex. get feedback, 피드백을 받다)

해석 I 여러분의 의견을 수렴하기 위해 제품 전략을 발표하겠습니다.

---

(461) distribution channel

예문 The answer lies in finding how to diversify **distribution channels** for our products.

> * lie in: ~에 있다 (= consist in)
> * distribution channel: 유통 경로, 유통 과정, 판매 채널

해석 I 그 답은 우리 제품의 유통 경로를 다양화하는 방법을 찾는 데에 있습니다.

---

(462) stiff competition

예문 The **stiff competition** from overseas companies as well as the general tightening of the domestic market is the main challenges facing our company.

* **stiff competition**: 심한 경쟁 (= severe competition, keen competition), 치열한 경쟁 (= bitter competition)
* **tighten**: 긴축하다 (= retrench), 조이다, 축소하다 (= cut back)
* **main challenge**: 주요 문제 (= dominant issue), 주된 도전 과제 (= major challenge)

해석 | 외국 회사들과의 치열한 경쟁과 내수 시장의 보편적 긴축이 우리 회사가 당면한 주요 문제들입니다.

---

(463) spike upwards

예문 The sales chart shows 30% **spike upwards** in a very short period.

* **spike upwards**: 위로 솟구침, 급등 (= sharp rise, sudden increase)

해석 | 판매 차트를 보면 단기간에 30%나 상승했습니다.

(464) have the capacity to

예문 Current production is 500 unit's per day, but we **have the capacity to** double that if necessary.

* current production: 현재 생산량, 현재 생산고 (= present output)
* have the capacity to: ~할 능력을 지니고 있다 (= have the ability to)

해석 | 현 생산량은 하루에 오백 대인데 필요에 따라서는 2배를 생산할 수 있습니다.

---

(465) have no difficulty in

예문 I guess you will **have no difficulty in** solving the problem.

* I guess that: 제 생각에는 ~할 것 같다, 제 추측으로는 ~이다
* have no difficulty in: ~하는 데 어려움이 없다 (= have no trouble in)

해석 | 제 추측으로는 당신이 이 문제를 해결하는 데 아무런 어려움이 없을 것입니다.

---

(466) due to

예문 **Due to** the great demand of our products, we have increased productivity.

* Due to: ~ 때문에 (= because of, owing to), ~에 기인하는, ~ 덕분에
* productivity: 생산성 (ex. labor productivity, 노동 생산성), 생산력

해석 | 제품의 수요가 커져서 당사는 생산성을 증가시켰습니다.

---

(467) barring

예문 **Barring** accidents, the completion of the project is due on March 20th.

> * Barring: ∼이 없다면 (= if there is no), ∼을 제외하고 (= except for)
> * be due: ∼할 예정이다 (= be scheduled)

해석ㅣ사고만 없다면, 이 프로젝트는 3월 20일에 완성될 것입니다.

---

(468) get a very good reception

예문 Actually these new products don't **get a very good reception** as expected.

> * get a very good reception: 잘 팔린다, 대단히 환영받다, 매우 좋은 대우를 받다
> * as expected: 예상했던 만큼, 기대한 만큼, 예기한 만큼

해석ㅣ사실 이런 신제품들은 예상하시는 것보다 시장에서 잘 나가지 않습니다.

(469) with all due respect

예문 With all due respect, I disagree that we must discontinue the product.

* With all due respect: 송구하지만, 외람된 말씀이지만, 유감스럽지만
* discontinue: 중단하다 (↔ continue), 철회하다 (= withdraw, retract), 중지하다 (= halt)

해석 | 유감스럽지만 우리가 그 제품 생산을 중단해야 하는 것에는 동의할 수 없습니다.

---

(470) forward-thinking

예문 We need a degree of **forward-thinking** ideas, especially around this turmoil.

* a degree of: 어느 정도의, ~의 정도
* forward-thinking: 미래 지향적인 (= forward-looking, future-oriented), 진보적인 (= progressive), 진취적인
* turmoil: 혼란 (= tumult), 소동, 소란 (= disturbance)

해석 | 특히 이렇게 혼란스러운 상황에서는 어느 정도 진취적인 생각이 필요합니다.

(471) in conclusion

예문 **In conclusion,** as shown in the chart below, we project rapid growth and high net profits over the next five years.

* **In conclusion**: 결론적으로 (= conclusionally), 마지막으로 (= finally)
* **project**: 계획하다, 예측하다 (= anticipate, forecast), 상상하다, 투영하다
* **rapid growth**: 빠른 성장 (= fast growth), 급속한 성장, 급성장
* **net profit**: 순이익 (= net margin), 순수익

해석 | 결론적으로 아래 차트에서 나타나듯이 향후 5년간 빠른 성장과 높은 순이익이 예상됩니다.

(472) feel free to

예문 Please **feel free to** stop me at any point if you have questions.

* **feel free to**: 마음대로 ~하다, 부담 없이 ~하다 (= don't hesitate to)

해석 | 질문이 있으시면 언제든지 말씀해 주세요.

(473) follow-up

예문 I want to get your **follow-up** on the presentation by tomorrow.

* follow-up: 사후 점검, 후속 조치, 추적 검사, 후속 보도, 속편

해석 발표 내용에 대한 후속 조치를 내일까지 받았으면 합니다.

---

(474) off-the-cuff

예문 I wish that I was confident enough to make presentations **off-the-cuff**.

* make a presentation: 발표하다 (= present, announce, release)
* off-the-cuff: (연설 등이) 즉석에서 (= on the spot, impromptu), 준비 없이 (= off-hand), 즉흥적으로 (= exemporally, on a whim)

해석 제가 즉석에서 프레젠테이션을 할 만한 배짱이 있었다면 좋겠네요.

---

(475) be up for

예문 It's not easy, but we're **up for** the challenge.

* be up for: ~할 의향이 있다 (= intend to, be willing to), ~하려고 하다, ~할 준비가 되어 있다 (= be prepared for, be ready for)

해석 쉽지는 않지만, 우리는 도전할 준비가 되어 있습니다.

비즈니스 영어 핵심 패턴 500

Famous *quotes* in English

Hope is necessary in every condition.

(희망은 어떤 상황에서도 필요하다.)

— Samuel Johnson

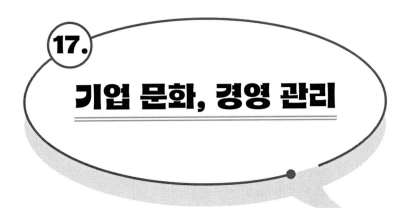

17.

기업 문화, 경영 관리

---

(476) trade-off

예문 Our employees seek the **trade-off** between doing well at work and having leisure time.

　　* trade-off: (상충되는 것 간의) 적절한 균형, (타협 등을 위한) 교환, 거래
　　* do well at work: (회사에서) 일을 잘하다, 직장 생활을 잘하다

해석 | 저희 직원들은 직장 생활을 충실히 하는 것과 여가 시간을 갖는 것 사이의 적절한 균형을 추구합니다.

---

(477) by the book

예문 We all need to take care of our work **by the book**.

> * **by the book**: 정석대로 (= by the text, in a standard way), 원칙대로 (= by the rules, by the principle)

해석ㅣ우리 모두 정석대로 일을 처리해야 합니다.

---

(478) core competency

예문 All employees would need to understand where our **core competency** lies.

> * **core competency**: 핵심 역량 (= core capability), 핵심 능력 (= core ability, key skills)

해석ㅣ모든 직원은 우리의 핵심 역량이 어디에 있는지 알아야 합니다.

---

(479) dress code

예문 Our **dress code** is business casual which means that you can dress less formally and more comfortably at work.

> * **dress code**: (학교, 직장, 군대 등의) 복장 규정
> * **at work**: 직장에서 (= at workplace), 회사에서 (= in a firm), 작업 중인, 근무 중인

해석ㅣ저희 드레스 코드는 비즈니스 캐주얼로, 직장에서 덜 격식적이고 더 편안한 옷을 입을 수 있습니다.

---

(480) work-life balance policy

예문 We are committed to promoting **work-life balance policy** for our employees.

> * **be committed to**: ~하는 데 헌신하다, 전념하다 (= devote oneself to, dedicate oneself to)
> * **work-life balance policy**: 일과 삶의 균형 정책

해석 | 우리 회사는 직원들을 위해 일과 삶의 균형 정책을 장려하는 데 최선을 다하고 있습니다.

---

(481) be reluctant to

예문 Companies with long histories tend to **be reluctant to** take risks.

> * **be reluctant to**: ~하기를 꺼리다, 주저하다 (= hesitate to), ~하고 싶지 않다 (= don't want to)
> * **take risk**: 위험을 감수하다 (= bear risk, accept risk)

해석 | 역사가 긴 기업들은 위험을 꺼리는 경향이 있습니다.

비즈니스 영어 핵심 패턴 500

(482) glass ceiling

예문 They encountered a **glass ceiling** beyond which they seemed unable to further rise in the corporate structure.

* glass ceiling: 유리 천장, 즉 주로 여성의 고위직 진출을 가로막는, 보이지 않는 장벽
* corporate structure: 기업 구조, 법인 조직 (= corporate organization)

해석ㅣ 그들은 조직 내에서 더 이상 올라갈 수 없을 것 같은 유리 천장에 부딪혔습니다.

---

(483) be swamped with

예문 I **am swamped with** work now as my colleague is on maternity leave.

* be swamped with: ~하는 일에 바쁘다 (= be very busy doing), 휩싸이다
* on maternity leave: 출산 휴가 중인, 출산 휴직 중인

해석ㅣ 동료가 출산 휴가 중이라 지금 일이 너무 많습니다.

(484) reach one's full potential

예문 Leadership is about empowering others to **reach their full potential**.

> * **empower**: ~에게 권한을 부여하다 (= authorize, give authority), 힘을 갖게 하다, 자율권을 주다
>
> * **reach one's full potential**: 잠재력을 최대한 발휘하다, 가능성을 최대한 끄집어내다

해석 | 리더십은 다른 이들이 자신들의 잠재력을 최대한 끌어올릴 수 있는 자율권을 주는 것입니다.

---

(485) be integrated into

예문 Newly hired executives need to **be fully integrated into** the company's culture.

> * **be integrated into**: ~에 융화되다 (= be harmonized with), 통합되다, 흡수되다, 동화되다 (= assimilate with)

해석 | 새로이 채용된 임원들은 회사 문화에 완전히 동화되어야 합니다.

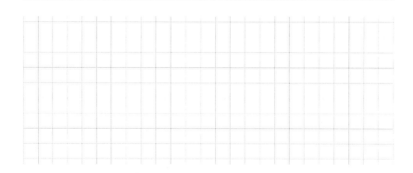

(486) aim to

예문 The HR team **aims to** help all employees realize their potential.

* HR: Human Resources의 약어, 인적 자원팀, 인력 지원부
* aim to: ~하는 것을 목표로 하다, ~을 도모하다, ~을 노리다
* potential: 몡잠재력, 가능성 혱잠재적인, 가망이 있는

해석 | 인적 자원팀은 모든 직원이 자신의 잠재력을 실현할 수 있도록 돕는 것을 목표로 합니다.

---

(487) be apt to

예문 I don't want to admit it, but we **are apt to** sometimes procrastinate our tasks.

* be apt to: ~하는 경향이 있다 (= have a tendency to, be prone to, be liable to, tend to)
* procrastinate: 지연시키다, 꾸물거리다 (= be lazy), 질질 끌다 (= drag on)

해석 | 인정하고 싶지는 않지만 때때로 우리의 임무를 미루는 경향이 있습니다.

(488) a aspect of

예문 Transparency is **a aspect of** good management.

* transparency: 투명성, 명료성, 명백함
* a aspect of: (어떤 것의) 특정한 부분이나 특징, 요인 (= essential factor)

해석ㅣ 투명성은 좋은 경영의 필수적인 요소입니다.

---

(489) have an effect on

예문 The news will negatively **have an effect on** our employees' morale.

* have an effect on: ~에 영향을 미치다 (= impact, have influence on)
* morale: (군대, 국민 등의) 사기, 의욕 (= will), 도덕 (= morality)

해석ㅣ 그 소식은 직원들의 사기에 부정적인 영향을 미칠 것입니다.

---

(490) straight away

예문 We chose to upskill a junior employee rather than hire someone senior **straight away**.

* upskill: (직원 등에게) 직무 기술을 가르치다, 직무 기술을 습득하다
* someone senior: 선배, 고참 (↔ someone junior)
* straight away: 즉시, 지체 없이, 곧장 (= at once)

해석ㅣ 우리는 당장 고급 인력을 고용하기보다는 신참에게 기술을 익히도록 했습니다.

---

(491) set in concrete

예문 We need to **set in concrete** our next year's budget in about thirty minutes.

> * **set in concrete**: ～을 확정하다 (= finalize, determine), 고정하다 (= fix)

해석 | 30분 안에 내년 예산안을 확정해야 합니다.

---

(492) needless to say

예문 The main challenge facing us at present, **needless to say**, is the shortage of funds.

> * **needless to say**: 말할 필요도 없이 (= undeniably, undoubtedly, of course)
> * **shortage of funds**: 자금 부족 (= insufficiency of funds, lack of funds)

해석 | 현재 우리에게 직면한 주요 문제는 말할 필요도 없이 자금 부족입니다.

---

(493) plan of reorganization

예문 The committee spent about three months preparing the **plan of reorganization**.

> * **plan of reorganization**: 조직 개편안 (= reorganization bill), 조직 개편 계획 (= reorganization plan)

해석 | 위원회는 조직 개편안을 준비하느라 약 3개월을 보냈습니다.

---

(494) get out of control

예문 If things **get out of control**, you must escalate to your manager.

> * **get out of control**: 제어할 수 없게 되다, 통제를 벗어나다 (= be out of control)
> * **escalate**: 단계적으로 상승시키다, 확대시키다, 보고하다 (= report), 알리다

해석 | 상황이 통제 불능이 되면 관리자에게 보고해야 합니다.

---

(495) top priority

예문 The well-being is becoming one of the **top priorities** for more and more consumers.

> * **well-being**: 복지, 행복 (= happiness), 건강, 안녕
> * **top priority**: 최우선 사항, 최우선권 (= first priority, highest priority), 최우선 과제 (= top priority task)

해석 | 웰빙은 점점 더 많은 소비자들에게 최우선 고려 사항 중 하나가 되고 있습니다.

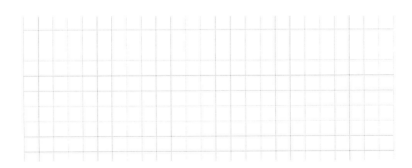

비즈니스 영어 핵심 패턴 500

(496) from scratch

예문 It's much easier to improve someone else's idea than to start **from scratch**.

> * **improve**: 개량하다, 개선하다 (= upgrade, meliorate), 향상시키다 (= promote, elevate)
> * **from scratch**: 완전히 처음부터 (= from the bottom up), 아무것도 없는 상태에서

해석 | 처음부터 시작하는 것보다 다른 사람의 아이디어를 개선하는 것이 훨씬 쉽습니다.

---

(497) be set in stone

예문 The product roadmap **isn't set in stone** yet.

> * **be set in stone**: 확정되다 (= be decided), 정해지다 (= be settled)

해석 | 제품 로드맵은 아직 확정적인 것이 아닙니다.

---

(498) result from

예문 The net income improvement **resulted from** the rigorous restructuring.

> * **result from**: ~에 기인하다 (= come from), ~이 원인이다 (= be attributable to), ~로부터 발생하다

해석 | 당기 순이익 개선은 혹독한 구조 조정에 기인합니다.

---

(499) span from A to B

예문 This business plan has been created on the basis of three years of market research, **spanning from 2020 to 2022**.

> * **on the basis of**: ~을 기초로 하여 (= based on), ~을 근거로 하여 (= on the evidence of)
> * **span from A to B**: A에서 B까지 걸치다 (= range from A to B), A에서 B 까지 범위를 형성하다

해석ㅣ 본 사업 계획서는 2020년부터 2022년까지 3년간의 시장 조사를 근 간으로 하여 작성되었습니다.

---

(500) physical count

예문 We do not have a policy for **physical count** of inventory.

> * **physical count**: 실사 (= due diligence, actual inspection), 즉 실제로 현장에서 재고를 조사하여 상품을 세는 것을 말함

해석ㅣ 저희는 재고 자산 실사에 대한 정책이 없습니다.

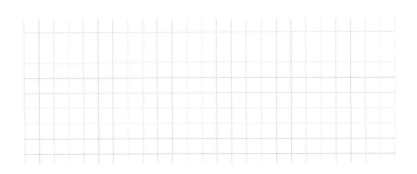

비즈니스 영어 핵심 패턴 500

A wise man makes more opportunities than he finds.

(현명한 사람은 자기가 발견한 기회보다 더 많은 기회를 만든다.)

— Francis Bacon

부록.

비즈니스 영어
핵심 단어 뜻풀이

A

- **abrogate** 图 (법률, 협정 등)을 폐지하다, (문서, 물건 등)을 파기하다, 무효로 하다 图abrogation (ex. implied abrogation, 묵시적 폐지)

- **accept** 图승낙하다 (ex. accept terms and conditions, 조건을 승낙하다), 승인하다, 수락하다 (↔ refuse), (어음 등의) 지급을 인수하다, 채택하다 图acceptable 图acceptance

- **accordance** 图 일치 (ex. in accordance with, ~에 따라), 합의图accord (부여하다, 일치하다) 图accord (일치, 부합, 협정, 협약)

- **account** 图장부, 계산, 계정 (ex. by your account, 귀사의 비용 부담으로), 설명, 계좌 (ex. account balance, 계좌 잔액, 잔고), 계산서 图간주하다, 여기다, 설명하다 (= give an account), 차지하다, ~의 원인이다

- **accrue** 图발생하다 (ex. accrued or to accrue, 발생했거나 발생할 예정인), 생기다 (ex. accrue to, ~이 생기다), (이자, 수익 등이) 불어나다

- **achieve** 图달성하다, 성취하다 (= accomplish), 완수하다, 이루다 图achievement (ex. a sense of achievement, 성취감)

- **acknowledge** 图 (정당성, 권위 등)을 인정하다, 받아들이다, (문제, 실수, 사실 등)을 시인하다, (채무 등)을 승인하다 图acknowledgement

- **acquisition** 图매수 (ex. acquisition, break-up or bankruptcy, 매수, 폐쇄 또는 파산), 획득, 입수, 습득 图acquire

- **action** 图소송 (ex. action or omission of, ~의 작위 또는 부작위, ex. file an action, 소송을 제기하다), 행동, 조치, 활동, 작동, 작용 图act (ex. act of God, 불가항력)

- **actual** 图실제의, 사실상의 (= real, practical, ex. actual damages, 실제적 손해) 图actuality (= reality)

- **addition** 图부가, 덧셈, 첨가, 추가 (ex.in addition to, ~에 덧붙여) 图additional (ex. additional storage charges, 추가 보관 비용)

- **adequate** [형] 적절한 (↔ inadequate), 적당한, (법적으로) 충분한 (= sufficient), 적합한 [부] adequately [명] adequacy
- **adjudge** [동] 선고하다, 판정을 내리다, 재판하다, 사법적 판단을 내리다 [명] adjudgement
- **advertise** [동] 광고하다, (모집, 행사 등)을 공고하다, 알리다 [형] advertising [명] advertisement (ex. an exaggerated advertisement, 과대광고)
- **advisable** [형] 바람직한, 권할 만한 (↔ inadvisable) [명] advice (ex. shipping advice, 선적 통지, ex. legal advice, 법률적 자문)
- **affect** [동] ~에 영향을 주다, 작용하다, ~을 동요시키다, 감동시키다 [명] affection (애정, 애착) [형] affectionate (다정한, 애정 어린)
- **affiliate** [명] 계열 회사 [동] ~에 소속되다, 연계되다, 연계하다, 제휴하다 [형] affiliated (ex. affiliated company, 계열 회사)
- **agency** [명] 대리점 (ex. agency contract, 대리점 계약), (정부의) 기관, 대행사 (ex. an advertising agency, 광고 대행사) [명] agent
- **aggregate** [형] 합계의, 총계의 (ex. aggregate purchase price, 총매수 가격) [명] 합계, 총계 [동] 총계가 ~이다
- **aggrieved** [형] 피해를 입은, 고통을 받는 (ex. aggrieved party, 피해 당사자), 피해를 입은 [동] aggrieve [명] aggrievement
- **agreement** [명] 계약 (ex. the terms of this agreement, 본 계약 조건), 동의, 합의 (ex. agreements and understandings, 합의 및 양해), 협정, 계약서, 합의서, 일치
- **allege** [동] (혐의 등)을 제기하다, (사실 등)을 주장하다 (= assert, argue, insist) [명] allegation (ex. investigate allegation, 혐의를 조사하다)
- **allocation** [명] 할당 (ex. allocation of funds, 자금 할당), 분배 (ex. asset allocation, 자산 배분), 할당량 [명] allocate
- **alter** [동] 수정하다, 바꾸다 (= change), (옷 등)을 수선하다, 고치다 [명] alteration (ex. make alterations, 변경하다)

- **ambiguity** 몡 애매함 (ex. avoid ambiguity, 애매함을 피하다), 모호성, 다의성, 불분명, 중의성 혱 ambiguous

- **amendment** 몡 수정, 변경 (ex. amendment or change, 수정 또는 변경), 개정안, 수정 조항 동 amend (ex. amended agreement, 수정된 계약서)

- **amicably** 문 (합의, 관계 등이) 우호적으로, 평화적으로, 원만하게 혱 amicable (ex. amicable settlement, 화해) 몡 amicability

- **ammendment** 몡 (법률, 규칙 등의) 개정, 수정, 수정 조항, 개정안, 수정안, 정정 동 amend (ex. amend a bill, 법률안을 수정하다)

- **amount** 몡 액수, (시간, 물질 등의) 양, 금액 (ex. amounts payable, 지불해야 할 금액) 동 총계가 ~에 달하다, (태도, 상황 등이) ~와 다름없다

- **amplify** 동 확대하다, (음성, 신호 등)을 증폭시키다, 상술하다, ~을 부연 설명하다, (영향력 등)을 확대시키다 몡 amplification

- **ancillary** 혱 부수적인, 부차적인, 보조적인 (= auxiliary), 보조의 (ex. ancillary staff, 보조 직원) 몡 부속품, 보조원, 조수

- **annex** 몡 부록, 첨부 문서 (= exhibit, attachment, appendix), 부속 건물, 별관 동 첨부하다, 부가하다, 합병하다 (= occupy)

- **appeal** 동 호소하다, 항소하다, 진정을 내다 (ex. file an appeal, 항소를 제기하다) 몡 간청, 호소, 모금 운동, 상소, 상고, 항소, 호소력, 매력

- **applicable** 혱 적용 가능한, 효력이 있는 (ex. applicable provision, 적용 규정), 해당되는, 적용되는 (ex. where applicable, 적용되는 경우 동 apply (ex. apply to, ~에 적용되다) 몡 application

- **appoint** 동 지명하다, 임명하다 (ex. duly appointed, 적법하게 임명된) 몡 appointment (ex. power of appointment, 지명권)

- ▷**appropriate** 혱 적절한, 타당한, 온당한, 적합한 (= suitable) 동 도용하다, 전용하다, (자금 등)을 횡령하다 (= steal) 몡 appropriation (충당, 도용, 전용, 책정, ↔ misappropriation)

- **approval** 몡 승인 (ex. subject to one's approval, ~의 승인 조건으로), 인가, 찬성 (↔ disapproval), 지지, 인준, 허락 동 approve

- **approximately** 부 대략 (= about, roughly), 근사치의 형 approximate (ex. approximate value, 근삿값) 몡 approximation

- **arbitration** 몡 중재 (= mediation, ex. arbitration tribunal, 중재 재판소), 조정 동 arbitrate 형 arbitral (ex. arbitral award, 중재 판정)

- **arise** 동 생기다 (= come up, ex. arising in any manner, 어떤 방식으로 발생하든), 발생하다(ex. arise out of, ~로 인해 발생하다), 일어나다, 기상하다, 봉기하다

- **arrange** 동 준비하다, 마련하다, 정리하다 (ex. arrange with A for B, B에 대하여 A와 타협하다), (약속, 면접 등)을 잡다 (ex. as arranged, 예정대로), ~을 배열하다 몡 arrangement

- **arrear** 몡 미불금, 지체, 체납금 (ex. be in arrears, 지불액이 연체되다), 연체금 몡 arrearage (ex. arrearage of taxes, 세금 미납)

- **article** 몡 (법률, 협정 등의) 조항 (ex. articles of incorporation, 회사 정관), 조문, 물건, 상품, 기사, 관사

- **asset** 몡 자산 (ex. real assets, 부동산), 재산 (ex. assets and liabilities, 자산과 부채), 유용한 자질, 이점, (재무 상태표의) 한 항목

- **assign** 동 (권리, 재산 등)을 양도하다, 할당하다, ~을 파견하다, (책임, 업무 등)을 맡기다 몡 양수인 (= assignee), 수탁인 몡 assignment (ex. assignment of chores, 가사 분담)

- **assist** 동 지원하다, 보조하다, 돕다 (= help, aid), 거들다 몡 도움, 스포츠에서 어시스트 몡 assistance (ex. with the assistance of, ~의 도움으로) 몡 형 assistant

- **assume** 동 (책임 등)을 인수하다, (책임, 역할 등)을 맡다 (= undertake, ex. assume any obligation, 의무를 지다), ~를 가정하다, (부채 등)을 떠안다 몡 assumption

- **attempt** 동 시도하다 (ex. attempt to, ~하려고 노력하다), 애써 해 보다, 기도하다 몡 시도 (ex. in an attempt to, ~하기 위해), 도전

- **attendance** 몡 (회의, 수업 등의) 출석, 참석, 관객, 참석자, 입장객

  몡 attendant (간병인, 수행원, 안내원) 동 attend

- **attributable** 형 ~이 원인인 (= owing to, ex. attributuble to, ~에 기인하는)

  동 attribute

- **attorney** 몡 변호사 (= counsel, ex. attorney's fee, 변호사 보수), 대리인, 법률가

- **authorize** 동 ~할 권한이 있다 (ex. authorized shares, 수권 주식), ~을 허가하

  다, 승인하다 몡 authority 몡 authorization

- **available** 형 이용할 수 있는, 유효한, 시간이 있는, 구입 가능한 (= be

  available for), 시간을 낼 수 있는, ~할 형편이 되는 동 avail 몡 availability

- **average** 몡 평균, 해손 (항해 중에 선박이나 화물에 우연히 생긴 손실 또는 손해, ex.

  particular average, 단독 해손, ex. general average, 공동 해손) 형 평균의, 평범한, 보

  통의 동 평균 ~이다, ~의 평균값을 구하다

- **award** 몡 판정, 판결 (ex. arbitral award, 중재 판정), 보상, 상금, 상 (ex. win an

  award, 상을 타다), 생활 보조금 동 시상하다, 판정을 내리다, 수여하다

B

- **bailiwick** 몡 관심 분야, 집행관 관할구 (= bailivia), 관할 구역, 담당 분야

- **balance** 몡 잔액, 차액 (ex. total balance calculation table, 합계 잔액 시산표), 균

  형, 조화, 잔금, 저울, 나머지 동 차감을 계산하다, 균형을 유지하다

- **ban** 몡 금지 (=prohibition), 금지령, 공고 동 금지하다 (ex. ban from ~ing, ~하는

  것을 금지하다, ex. lift a ban, 금지를 해제하다)

- **bankrupt** 몡 파산자, 파탄자, 지급 불능자 형 (회사 등이) 파산한 (ex. go

  bankrupt, 파산하다), 지급 불능의 몡 bankruptcy (ex. bankruptcy proceedings, 파

  산 절차)

- **bar** 몡 법정 (ex. go to bar, 변호사가 되다), 방해, 장애물, 막대기, 변호사 업계 몡 잠그다, 빗장을 지르다, 금지하다, 차단하다 웬 ~을 제외하고 (= except, apart from)
- **bargain** 몡 거래, 교섭, 합의 (ex. conclude a bargain, 계약을 체결하다), 특가품, 할인 상품 몡 (가격, 조건 등)을 흥정하다, 교섭하다
- **bear** 몡 (비용 등)을 부담하다 (ex. bear the cost, 비용을 부담하다), 운반하다, (의 무, 책임 등)을 지다, 참다, 견디다 (= stand, endure), (조사, 검사 등)을 감당하다, (아 이를) 출산하다 몡 곰 몡 bearable
- **behalf** 몡 이익 (ex. in behalf of, ~의 이익을 위하여), 원조, 지지, 측 (ex. on one's behalf, 누구 때문에), 편 (ex. on behalf of, ~를 대리하여, 을 대표하여)
- **benefit** 몡 이익 (ex. to our mutual benefit, 상호 이익을 위하여), 이득, 급부금, 특 권 (ex. benefit principle, 수익자 부담의 원칙), 수당, 혜택, 자선 행사 몡 beneficial 몡 ~에게 이롭다, 혜택을 보다
- **berth** 몡 정박, 정박지 (= anchor, ex. berth term, 선적 조건), (배, 기차 등의) 침대, 출전권 몡 (배를) 정박시키다, 정박하다
- **bid** 몡 입찰 (ex. bid bond, 입찰보증), 고지, 권고, 시도, (경매 등의) 입찰가 몡 지 시하다, ~에게 명하다, 입찰하다, 가격을 부르다
- **bill** 몡 계산서, 청구서, 고지서, 증권 (ex. bill of lading, 선하 증권, B/L), 문서, 소 장, 법안, 증서, 지폐 몡 계산서를 보내다, ~에게 대금을 청구하다
- **bind** 몡 (법적으로) 구속하다, 의무를 지우다, 묶다, 철하다, 결속시키다 몡 binding (ex. a legally binding agreement, 법적 구속력이 있는 계약)
- **blanket** 몡 포괄적인, 전반적인, 전면적인 (ex. blanket right and duty, 전반적 권 리 의무) 몡 담요, 모포 몡 ~을 덮다, ~에 대량으로 내보내다
- **board** 몡 이사회 (= board of directors, 이사회), 위원회, 임원회, 식탁, 식사 몡 승선하다, 탑승하다 몡 aboard
- **bona** 몡 좋은 (= good), 선량한, 선의의 (ex. bona fide, in good faith, 선의로, ex.

bona fide purchaser, 선의의 취득자)

- **bond** 몡 채권, 유대, 보증, 계약, 접착, 속박, 결합 툉 보세 창고에 넣다 (ex. bonded area, 보세 구역), 결합되다, 유대 관계를 형성하다

- **breach** 몡 위반, 불이행 (ex. breach party, 위반 당사자, ex. breach or default, 위반이나 불이행, ex. material breach, 중대한 위반), 균열, 불화 툉 위반하다

- **breakthrough** 몡 돌파구, 약진, 발전 (ex. a significant breakthrough in negotiation, 협상에 있어 중대한 돌파구), 대발견, 비약적인 진전, 성공의 계기

- **burden** 몡 (부채, 세금 등의) 지불 의무, (의무, 책임 등의) 부담 (ex. relieve burden, 부담을 덜어 주다) 툉 ~에게 부담을 주다, ~에게 짐을 지우다

- **business** 몡 사업 (ex. business is brisk, 사업이 잘되다), 기업, 업무 (ex. be in business of, ~를 업무로 하다), 거래 (ex. do business with, ~와 거래하다), 장사

C

- **calendar** 몡 달력 (ex. solar calendar, 양력, ex. lunar calendar, 음력, ex. calendar quarter, 사분기), 일정표, 연간 주요 행사표, 스케줄

- **cancel** 툉 철회하다, 취소하다, 무효화하다, 해약하다, 해지하다 몡 cancellation (ex. cancellation fee, 취소 수수료)

- **capitalization** 몡 투자, 출자, 자본 조달, 대문자 사용, 자본 환원, 자본 총액 툉 capitalize

- **care** 몡 조심, 돌봄, 주의 (ex. due care, 합당한 주의), 관리, 근심 툉 관심을 가지다, 마음 쓰다, 신경 쓰다, 염려하다

- **career** 몡 경력 (ex. careers, 경력), 직업 (ex. career counselor, 직업 상담사), 일 (ex. career break, 휴직), 직장 생활, 사회생활

- **cash** 몡 현금 (ex. cash purchase price, 현금 구매 가격, ex. cashier's check, 은행 자기

앞 수표)

- **cause** 동 야기하다, 초래하다 (ex. cause A to B, B에게 A하게 하다) 명 원인, 이유, 주장, 대의명분, 소송 사건 (= case)

- **cease** 동 중지하다 (ex. cease and desist, 법적 명령 등으로 중지하다), 끝나다, 정지하다, 중단시키다, 그치다 (= stop) 명 cessation

- **certificate** 명 증서, 자격증, 증명서, 수료증 명 certification 동 certify 형 certified (ex. certified accountant, 공인 회계사)

- **charge** 동 (비용, 요금 등)을 청구하다, 부과하다, 카드로 결제하다, 기소하다, 비난하다, 충전하다 명 충전, 요금, 기소, 책임, 비난

- **charterer** 명 용선 계약자, 용선자 (ex. charterer's liability, 용선자의 의무) 명 charter (ex. charter party, 용선 계약서, 헌장) 동 charter (배, 비행기 등을 전세 내다)

- **check** 동 검사하다, 점검하다, 확인하다, 억제하다 명 수표 (ex. company check, 회사 수표), 점검 (ex. checkpoint, 검문소), 계산서, 억제

- **circumstance** 명 환경, 형편, 환경 (ex. in the circumstance, 이런 상황에서), 사정, 상황 (ex. suspicious circumstance, 미심쩍은 상황)

- **claim** 동 청구하다, 요구하다, 주장하다 (ex. file one's claim with, ~에게 클레임을 제기하다), 신청하다 명 청구, 주장

- **clause** 명 (법적 문서의) 조항, 조목 (ex. a get-out clause in the contract, 계약서의 면책 조항), (문장의) 절

- **clearance** 명 승인, 허락, 통관 (ex. clearance inward, 수입 통관 수속), 허가(ex. security clearance, 기밀 취급 허가), 철거, 강제 퇴거 동 clear 형 clear

- **closing** 명 (매매의) 실행, 계약 체결, 계약 최종 성사, (거래의) 결재나 종료, 패쇄 (=closure), 최종 수속 형 close

- **coercive** 형 강제적인, 강압적인 (ex. coercive measure, 강압적 조치) 명 coercion

- **collateral** 명 담보 (= security), 담보물 (ex. collateral for loan, 차용에 대한 담보)

(형)collateral (ex. collateral damage, 부수적인 피해)

- **collectively** (부)집합적으로, 전체로서, 총괄하여 (= as a whole)

(형)collective (형)collect (ex. freight collect, 운임 후불, ex. collect call, 수신자 부담 전화) (명)collection (동)collect

- **commerce** (명)상업, 교역 (= trade), 통상, 교류 (형)commercial (ex. commercial bank, 상업 은행, ex. commercial claim, 상업적 클레임) (동)commercialize

- **commitment** (명)책임, 서약, 약속 (ex. without commitment, 아무런 의무를 지지 않고), 출자 약정, 출자 약정액, 의무, 책무, 전념, 헌신 (동)commit

- **commodity** (명)물품, 상품 (ex. staple commodies, 중요 상품), 원자재 (= goods, product), 생산물 (ex. agricultural commodities, 농산물), 일용품

- **common** (형)흔한, 공동의, 보통의, 일반의 (ex. common stock exchange ratio, 보통 주식 교환 비율) (명)공원, 공유지

- **compensation** (명)보상 (ex. insurance compensation, 보험 보상), 위로금, 변상, 손해 배상, 보충, 배상금 (동)compensate (형)compensatory

- **competent** (형)관할권이 있는, 권한이 있는 (ex. a court of competent jurisdiction, 관할 법원), 능숙한, 합법적인, 정당한 (동)compete (명)competence

- **complain** (동)고소하다, 불평하다, 하소연하다, 항의하다 (명)complaint (ex. file a complaint against, ~을 제소하다) (명)complainant (원고, 고소인)

- **complete** (동)완성하다, 끝내다 (명)completion (ex. the completion of incorporation, 회사 설립의 완료) (형)complete (완전한, 전부의)

- **compliance** (명)(요구, 명령 등의) 따름 (ex. in compliance with your request, 귀하의 요청에 따라서), 준수 (형)compliant

- **component** (명)부품, 부속품, (구성) 요소 (ex. a vital component, 핵심 요소, ex. an essential component, 필수 부품)

- **comprehensive** (형)포괄적인, 종합적인 (ex. a comprehensive policy, 종합보험 증권) (동)comprehend

- **compulsory** [형] 의무적인, 강제적인 (ex. compulsory execution, 강제 집행), 필수의 (= mandatory) [명] compulsion
- **concede** [동] 양보하다, 인정하다, 수락하다 (ex. no room to concede, 양보할 여지가 없는) [명] concession
- **condition** [명] 조건 (ex. condition precedent, 선행 조건, 정지 조건, ↔ condition subsequent, 해제 조건) [명] 상태 [동] 길들이다
- **concurrence** [명] 동의, 합의, 일치, 승인 (= agreement, consent, approval), 동시 발생 [동] concur [형] concurrent
- **conduct** [동] 수행하다, 행동하다, 실시하다, 지휘하다, 운영하다, 지휘하다 [명] 행동, 행위 (ex. improper conduct, 부적절한 행위), 처신, 품행
- **confer** [동] (은혜) 등을 주다, 상의하다, 협의하다, 의논하다, (권위, 정당성 등)을 부여하다, (직함, 학위 등)을 수여하다 [명] conference (ex. sales conference, 판매 회의)
- **confidential** [형] 기밀의 (ex. confidential information, 기밀 정보) [명] confidentiality (ex. a breach of confidentiality, 비밀 유지 위반)
- **confirm** [동] 확인하다, 확인해 주다, 확정하다, 입증하다, 뒷받침하다 [명] confirmation (ex. official confirmation, 공식 확인)
- **conflict** [명] 저촉, 갈등, 충돌 (ex. conflict of interest, 이해의 충돌), 분쟁, 대립 [동] 충돌하다, 상충하다, 모순되다
- **conform** [동] 적합하다, 따르다, 순응하다 (= comply), 일치하다, 준수하다 [명] conformity (ex. in conformity with, ~에 순응하여)
- **connection** [명] 관련성, 관계 (ex. casual connection, 인과 관계), 연관성, 접속, 연결 (ex. in connection with, ~와 관련하여) [동] connect (= link) [형] connective
- **consecutive** [형] 연이은, 연속의 (= continuous, continual, ex. consecutive terms, 연속 계약), 연속적인
- **consent** [동] 동의하다, 승낙하다 [명] 동의, 허락, 합의, 찬성 (ex. consent and

approval, 동의와 승인), 의견 일치, 승낙

- **consequential** [형] 그에 따른, 파생적인, ~의 결과로 일어나는 (ex. consequential or punitive damages, 파생적 또는 징벌적 손해) [명] consequence [형] consequent
- **consideration** [명] 검토, 고려, 숙고, 배려, 약인 (ex. in consideration of, ~을 약인으로 하여) [동] consider [형] considerate
- **consign** [동] (운송을 위하여) 인도하다, 위탁하다, 배송하다 [명] consignee (수하인) [명] consignor (위탁자) [명] consignment (배송물, 적송품)
- **constituent** [형] 구성하는 [동] constitute (ex. constitute the legal, valid and binding obligations, 적법하고 유효하며 구속력 있는 의무를 구성하다) [명] constituency
- **construe** [동] (말, 행위 등)을 해석하다, 이해하다 (= interpret), 간주하다 [명] construction (해석, 구성, 구조, 건설, 건축물)
- **consummation** [명] 완성, 완료, 달성 [동][형] consummate (= perfect, ex. consummate sentences, 완벽한 문장)
- **contain** [동] 포함하다, 억제하다, 둘러싸다 [형] contained (~에 포함된) [명] container (ex. container freight station, 컨테이너 화물 적체 시설)
- **contemplate** [동] 계획하다, 예정하다, 고려하다(= consider, think of), 예상하다, 생각하다, 숙고하다 [명] contemplation [형] contemplative
- **content** [명] (책 등의) 목차, 내용(ex. make a note of content, 내용을 적다), 내용물, 만족감 [동] ~에 자족하다 [형] 만족하는, 자족하는
- **contingency** [명] 만일의 사태, 우연성, 우발성 (= possibility, ex. contingency plan, 우발적 비상 계획), 비상사태 [형] contingent (ex. contingent liabilities, 우발 채무)
- **continue** [동] 계속하다 (= go on), 이어지다 (ex. on a continuing basis, 지속적으로), 지속하다 [형] continuous [명] continuity [형] continual
- **contract** [명] 계약 (= covenant), 약정, 약정서 (= agreement, ex. contractee, 수급인, ex. contractor, 계약자, 도급업자) [동] 계약을 맺다, 수축하다, 위축되다 (↔

expand), (병 등)에 걸리다

- **contrary** 혱 반대의, 반대되는 (= opposite, ex. to the contrary, 그 반대로 되는, ex. contrary to, ~에 반하여)

- **control** 동 지배하다, 억제하다, 통제하다, 장악하다, 조절하다, 관리하다 (= control) 명 지배, 통제, 제어, 관리

- **convenience** 명 편리, 편의 (ex. for convenience of reference, 참조의 편의를 위해), 편익 혱 convenient

- **conversion** 명 전환, 개조, 전향, 변환, 개종 동 convert 혱 convertible

- **convincing** 혱 설득력 있는 (ex. clear and convincing proof, 명백하고 확신을 가지기에 충분한 증거), 납득이 가는 동 convince

- **cooperate** 동 협조하다, 협력하다 (ex. cooperate with, ~와 상호 협력하다), 협동하다 명 cooperation

- **copyright** 명 저작권, 판권 혱 저작권 보호를 받는, 무단 복제가 금지되는 (ex. infringe a copyright, 저작권을 침해하다)

- **corporation** 명 (큰 규모의) 기업, 법인, 조합, 주식회사, 단체 (ex. public corporation, 공공기업체) 혱 corporate (ex. corporate identity, 기업 이미지 통합)

- **correct** 동 수정하다, 정정하다, 고치다, 바로잡다 혱 적절한 (↔ incorrect), 옳은 (= right) 명 correction

- **counsel** 명 변호사 (= attorney), 변호인단, 조언 (= advice), 충고, 변호인 동 ~에게 조언하다, 권고하다

- **counterfeit** 명 위조, 가짜, 모조품 (= forgery, fake) 동 가장하다, 위조하다 (ex. counterfeit note, 위조 지폐) 혱 위조의, 모조의 (= forged)

- **counter-offer** 명 반대 청약 (↔ offer), (본래의 청약에 대한) 피청약자(offeree)의 응답

- **courier** 명 택배 회사, 배달 회사, 배달원 (ex. via courier, 택배로), 특사, 밀사, 여행 안내원

- **court** 몡법원 (ex. court of competent jurisdiction, 관할 법원, ex. court process, 재판 수속), 재판소, 법정, 궁정

- **covenant** 몡계약 (= agreement), 약속 (ex. covenant and condition, 약속과 조건), 협정, 서약, 약관, 약정, 기부 서약

- **cover** 통담보하다, 감추다, 숨기다, (책, 연설 등이) ~을 다루다 몡보험, 보험의 보상 범위, 덮개, 표지, 보장, 엄호 몡coverage (ex. full coverage on, ~의 충분한 담보)

- **credible** 혱신뢰할 수 있는 (ex. credible witness, 신용이 있는 증인), 확실한, (성공의) 전망이 높은 몡credibility

- **credit** 몡신용, 여신, (재무제표의) 대변 (↔ debit, ex. credit sale, 신용 매매, ex. creditor, 채권자), 학점, 칭찬, 외상, 신용 거래 통입금하다, 신뢰하다 혱creditable 몡credibility

- **culpability** 몡유책성, 범죄성, 비난받을 만함, 유죄, 처벌받아 마땅함 혱culpable (ex. culpable negligence, 중과실, 태만죄)

- **cultivate** 통(자질, 지식 등)을 배양하다, (작물 등)을 재배하다 (= grow), (땅 등)을 경작하다 몡cultivation 혱cultivable

- **cumulative** 혱누계의, 반복적인 (ex. cumulative remedies, 중복적 구제책), 누적하는 (ex. cumulative dividend, 누적 이익 배당), 증대하는

- **currency** 몡통화 (ex. local currency, 현지 통화, ex. currency exchange, 환전), 화폐 (ex. in Korean currency, 한화로), 통용 (ex. be common currency, 통용되다), 보급

- **curtail** 통축소하다, 단축하다, 제한하다, 절감하다 (ex. curtail expenditure, 지출을 줄이다), 박탈하다, 삭감하다 몡curtailment

- **custody** 몡보관 (= storage), 관리 (ex. in the custody of, ~의 관리하에), (재판 전의) 유치, 구류, 양육권 (ex. custody case, 양육권 소송)

- **custom** 몡관습법, 관습 (ex. common custom, 일반 관습) 몡customs (관세) 혱customary (ex. customary law, 관습법) 혱맞춤의, 주문 제작한 (= custom-made)

- **cutback** 몡 (생산, 주문, 인원 등의) 삭감, 축소 (ex. personnel cutbacks, 인적 삭감), (나무 등의) 가지치기

D

- **damage** 몡 손해, 손실, 피해 (= harm, ex. damages, 손해 배상금, ex. irreparable damages, 회복할 수 없는 손해)
- **debit** 몡 (은행 예금의) 인출, 출금 (↔ credit), (재무 상태표의) 차변 (↔ credit, ex. debit balance, 차변 잔고, ex. debit card, 직불 카드) 동 인출하다, ~을 차변에 기입하다
- **debt** 몡 채무, 빚 (ex. debt, liability and duty, 채무, 부채, 그리고 의무), 차입금 (ex. debt payment, 부채 상환)
- **declare** 동 선언하다, 밝히다, 발표하다, (소득, 과세 물품 등)을 신고하다 혱 declaratory (ex. declaratory clauses, 선언적 조항) 몡 declaration (ex. a joint declaration, 공동 선언)
- **deem** 동 ~로 여기다 (ex. be deemed to, ~라고 여겨지다), 생각하다, 간주하다 (= consider)
- **default** 몡 (채무) 불이행 (ex. default in the performance of, ~을 이행하지 않다), (컴퓨터에서) 디폴트, 초기 설정 동 체납하다, 변제하지 않다
- **defective** 혱 결함이 있는 (ex. defective merchandise, 결함이 있는 상품), 하자가 있는 (= faulty) 동 defect (망명하다, 이탈하다) 몡 defect
- **defend** 동 방어하다, 변호하다 (= prosecute), 옹호하다 (↔ attack), 지키다 혱 defensive 몡 defense
- **define** 동 정의하다 (ex. as defined below, 이하에 정의하는 것처럼), 명확히 규정하다 몡 definition 혱 definite 분 definitely

- **delay** 몡 지연, 지체 (= defer), 미룸 통 연기하다, 미루다, (기차, 비행기 등)을 지연시키다, (일, 출발 등)을 지체시키다

- **delivery** 몡 인도, 납품, 송달 (ex. delivery orders, 인도 지시서), 전달, 배달, 배송 몡 deliverables (인도 물품, 완제품) 통 deliver

- **demand** 통 요구하다 (ex. demand compensation, 손해 배상을 청구하다) 몡 요구, 수요 (ex. in demand, 수요가 있는)

- **depart** 통 출발하다 (↔ arrive), 출국하다, 떠나다, (조직, 직장 등)을 그만두다 몡 departure (ex. a port of departure, 출발항)

- **depress** 통 낙담시키다, 우울하게 하다, (거래, 무역, 시장을) 부진하게 하다 몡 depression (= slump, recession)

- **describe** 통 ~을 자세히 설명하다, 기재하다, 기술하다 (ex. described in Exhibit A, 별지 A에 기재된) 몡 description (명세서, 설명서) 혱 descriptive

- **design** 몡 디자인 (ex. design rights, 의장권), 도안, 설계, 구도, 계획, 목적, 의도 통 설계하다, 디자인하다

- **designate** 통 지정하다, 임명하다, 지시하다, 지명하다, 표시하다, 나타내다 몡 designation 혱 designate

- **destination** 몡 목적지 (ex. a vacation destination, 휴양지), (물품의) 도착지, 행선지

- **determine** 통 결정하다, (비용 등)을 확정하다, 밝히다, 좌우하다, (사실 관계, 원인 등)을 정확히 알아내다 몡 determination 혱 determined

- **disburse** 통 지불하다 (= pay out), 지출하다, (은행, 조직 등이 돈)을 지급하다 몡 disbursement

- **disclose** 통 공표하다, 유출하다, 폭로하다 (= reveal), 드러내다 (ex. disclosing party, 공개 당사자) 몡 disclosure

- **discontinuance** 몡 정지, 단절, 정지, 중단 통 discontinue (ex. discontinue any product, 제조를 중지하다 (↔ contiune)

- **discrepancy** 명 불일치 (= non-conformance, ex. discrepancy in the payment amount, 납입 금액의 불일치), 차이, 괴리

- **discretion** 명 재량 (ex. abuse of discretion, 재량권의 남용), 자유재량, 사려 분별, 결정권, 분별력, 지각력, 신중함 형 discretionary

- **dishonored** 형 부도가 난 (ex. dishonored draft, 부도 어음, dishonored check, 부도 수표), 이행을 하지 못하는 명 dishonor (인수 또는 지급의 거절) 동 dishonor

- **dismiss** 동 (소송을) 각하하다, 면직하다, 추방하다, 무시하다, 해고하다 (= fire, sack) 명 dismissal (ex. unfair dismissal, 부당 해고)

- **dispatch** 동 (일, 업무 등)을 신속히 처리하다, (우편물, 수화물 등)을 발송하다, 통지를 보내다, 파견하다 명 발송, 파견

- **display** 동 전시하다, 진열하다, 내보이다 (= exhibit), 게시하다, (정보 등)을 화면에 표시하다 명 전시, 진열, 화면 표시 장치

- **disposal** 명 처분, 처분권, 정리, 폐기, 매각 (ex. at your disposal, 귀사의 뜻대로), 해결, 조치, 배치 동 dispose 명 disposition

- **dispute** 명 분쟁 (ex. dispute arises, 분쟁이 발생하다), 분규, 논쟁, 논란 동 반박하다, 이의를 제기하다

- **dissenting** 형 반대의, 이의를 제기하는, 의견을 달리하는 동 명 dissent (ex. without dissent, 이의가 없는) 동 dissent

- **dissolution** 명 (회사 등의) 해산, (사업상 관계의) 해소, 소멸, (계약, 협정, 결혼 등의) 파기, (조직, 단체 등의), 해산 동 dissolve

- **distrain** 동 동산을 압류하다 (ex. distrain property, 재산을 압류하다), 유치하다 명 distraint

- **distribution** 명 분배, 유통, 배급 명 distributor (유통 회사, 대리점) 동 distribute 형 distributive 명 distributorship (독점 판매권)

- **divulge** 동 (비밀을) 알려 주다, 폭로하다, 누설하다 (= reveal), (정보, 기밀 등)을 발설하다

- **donate** 동 증여하다, 기부하다 (ex. donate money to charity, 자선 단체에 돈을 기부하다) 명 donation (ex. reasonable donation, 상당한 증여) 형 donative

- **due** 형 ~를 하기로 예정된, 지불 기일이 되는(ex. due and payable, 만기에 지급하는, ex. due diligence, 기업 실사, 상당한 주의), 당연한, 충분한, ~로 인한

- **duly** 부 정식으로, 적법하게(ex. duly organized, validly existing and in good standing, 적법하게 조직되어 잘 운영되는), 정당하게, 적절한 절차에 따라

- **duration** 명 존속 기간, 계속 기간 (ex. duration of suspension, 정지 기간), 즉 어떤 특정한 사건이나 상황이 지속되는 기간

- **duty** 명 의무 (ex. duty of confidentiality, 기밀 유지 의무), 관세 (ex. duty free, 면세, ex. Ad valorem duty, 종가세, ex. specific duty, 종량세)

E

- **economic** 형 경제의 (ex. economic sanctions, 경제 제재), 채산성이 맞는, 재정적인 형 economical (절약하는, 경제적인) 명 economy 동 economize 명 economics (경제학)

- **effect** 동 영향을 미치다, 효과를 미치다, (변화, 개선 등)을 초래하다, 시행하다 (ex, give effect to, 법률 등을 시행하다) 명 effect (ex. as then in effect, 그 시점에서 유효한) 형 effective (ex. the effective time, 발효 시점) 명 effectiveness (발효 조건, 유효성, 효능)

- **election** 명 선임, 선거 (ex. run for election, 선거에 출마하다), (선거에서의) 당선 동 elect 형 elective 명 elective (선택 과목)

- **electronic** 형 전자의 (ex. electronic components, 전자 부품), 전자 장비와 관련된 (ex. electronic commerce, 전자 상거래) 명 electron

- **emergency** 명 비상사태, 긴급 상황 (ex. in case of emergency, 긴급한 경우에)

(형)emergent

- **employment** (명)고용, 채용 (ex. employment contract, 고용 계약서), 고용률, 취업률, 동원 (동)employ

- **enclose** (동)동봉하다, (건물, 토지 등)을 둘러싸다, (상자 등에) 넣다, ~을 감싸다 (명)enclosure (= encl.) (형)enclosed

- **encumbrance** (명)(저당 등 부동산에 설정된) 채무, 저당권, 담보, 장애물, 걸림돌 (동)encumber (방해하다, 막다)

- **endeavor** (명)노력 (ex. make every endeavor to do, ~하려고 전력을 다하다), 시도 (= effort, exertion) (동)노력하다 (= strive)

- **endorsement** (명)배서, 이서, 보증 (ex. full endorsement, 기명식 배서, ex. order endorsement, 지시식 배서, ex. blank endorsement, 백지 배서), 승인, 계약 변경 조항 (동)endorse (ex. endorser, 배서인)

- **enforceability** (명)강제 집행력, 이행 가능성 (형)enforceable (동)enforce (명)enforcement (시행, 집행)

- **engage** (동)종사하다, 고용하다 (ex. engage in, ~에 종사하다), (관심, 주의 등)을 끌다, 사로잡다, ~와 교전하다 (명)engagement

- **enter** (동)들어가다, 진입하다, 시작하다 (ex. enter into, 체결하다), 입학하다, (특정 활동, 상황 등)에 참여하다, (대회 등)에 참가하다 (명)entrance

- **entire** (형)완전한 (ex. entire agreement, 완전한 합의), 전체의 (= whole, all), 전부의 (명)entirety (부)entirely

- **entitle** (동)~의 자격이 있다 (ex. be entitled to, ~를 할 권리가 있다), ~의 권리를 부여하다 (명)entitlement

- **entity** (명)기업, 독립체, 기관, 단체 (ex. a public entity, 공공 단체), 개체, 존재 (ex. a separate entity, 별개의 존재)

- **equitable** (형)공평한 (ex. equitable relief, 법적인 구제), 공정한 (↔ inequitable) (명)equity (순자산, 형평법, 공평, ↔ inequity)

- **establish** (동) 설립하다, 개설하다 (= set up), 세우다, (관계, 유대 등)을 형성하다, 구축하다 (명) establishment (기관, 시설, 조직)

- **estimated** (형) 견적의, 예정된 (ex. estimated time of arrival, 도착 예정일, ex. estimated time of departure, 출항 예정일) (동) estimate (명) estimation (= opinion)

- **event** (명) 경우(ex. in event of, ~의 경우에는), 사건, 행사, 이벤트, 시합, 경기, 종목 (형) eventful (형) eventual (최종의, 최후의)

- **evidence** (명) 증명하다, 입증하다, 증언하다, 증거가 되다 (명) evidence (ex. provide evidence, 증거를 제시하다) (형) evident (분명한, 명백한)

- **except** (전) ~을 제외하고 (ex. except as otherwise, 달리 ~한 경우를 제외하고, ex. except for, ~을 제외하고) (동) ~을 제외하다 (명) exception (형) exceptional

- **excess** (명) 과도, 초과, 과잉 (ex. in excess of, ~을 초과하여) (형) 여분의, 과잉의 (동) exceed (형) excessive

- **exchange** (명) 교환, 환전 (ex. exchange rate, 환율), 거래소, 대화 (동) ~을 교환하다, 환전하다 (형) exchangeable

- **exclude** (동) 제외하다, 고려하지 않다 (명) exclusion (형) exclusive (←inclusive, ex. exclusive jurisdiction, 전속 관할권, ex. exclusive distributorship, 독점 판매 계약, ex. exclusive franchise, 전매권)

- **excuse** (명) 면책 사유, 면제 사유, 변명 (동) 면제하다, 면책하다, 허용하다

- **execute** (동) (계약서)에 서명하여 실행하다, (증서를) 작성하다, 집행하다 (명) execution (ex. the execution, delivery and performance of, 계약서 등의 작성, 교부와 이행)

- **exempt** (형) 면제된, 면제의 (ex. exempt income, 비과세 소득) (동) 면제하다 (명) 면세자 (명) exemption

- **exercise** (동) 권리 등을 행사하다 (ex. exercise one's best efforts to, ~하는 데 최선의 노력을 기울이다)

- **exhibit** (명) 전시회 (= exhibition), 전람회, 별지 (ex. Exhibit A attached, 별지 A에

첨부된), 부속서류, 서증, 증거물 [동] 전시회를 열다, (작품 등)을 전시하다, (감정, 특징 등)을 나타내다

- **exist** [동] 존재하다, 실재하다 [명] existence (ex. the struggle for existence, 생존 경쟁) [형] existing
- **exonerate** [동] (의무 등)을 면제하다 (= exculpate), (죄 등의 결백을) 증명하다 [명] exoneration
- **expedient** [형] (목적 달성에) 적절한, 시의에 적합한, 편의적인 [명] 방책, 방법, 편법
- **expense** [명] 비용, 경비 (ex. business expense, 사업 경비) [형] expensive
- **expiration** [명] (계약 등의) 만기 (ex. expiration date, 만기일), 종료 (= expiry, termination), 만료 [동] expire
- **exploit** [동] (자원을) 개발하다, 채굴하다, (노동력을) 착취하다 [명] exploitation (ex. exploitation cost, 개발비)
- **export** [명] 수출 (↔ import, ex. export restrictions, 수출 규제, ex. export controls, 수출 통제, ex. export declaration, 수출 신고서), 수출품 [동] ~을 수출하다, 전파하다
- **exposition** [명] 설명, 해석 (ex. clear and practical exposition, 명료하고 실제적인 설명), 박람회 (= expo) [동] expose
- **expound** [동] 상술하다, 해설하다, (자세히) 설명하다 (ex. expound on, ~에 대해 설명하다)
- **express** [명] 명시하다, 표현하다 [형] 명시적인 (= explicit, ex. express or implied, 명시적 또는 묵시적) [명] expression [형] expressive
- **extend** [동] 연장하다, (채무의 지급 등)을 연기하다, 확장하다 [명] extension (= extension of coverage, 담보 범위의 확장)
- **extent** [명] 범위, 정도, 규모, 크기, 한계 (ex. to the extent, ~하는 정도까지, ex. to a great extent, 상당한 정도로)
- **extinction** [명] (권리, 의무, 부채의) 소멸 (= extinguishment) [동] extinct (=

extinguish) [형] extinctive

- **extreme** [형] 극도의 (ex. extreme poverty, 극도의 빈곤), 과격한, 극단적인 (= extreme measures, 강경책) [명] extreme, extremity

F

- **facility** [명] 시설, 기능 (ex. financial facility, 재정적 편의) [동] facilitate (ex. facilitate court's review, 법원의 심사를 돕다)
- **fail** [동] 실패하다 (ex. fail to, ~하지 않다), (회사, 사업 등이) 망하다, ~하지 못하다 [명] failure (↔ success, ex. failure of performance, 불이행)
- **faith** [명] 믿음 (ex. have faith in, ~에 대한 믿음이 있다), 신뢰 (ex. in good faith, 성실한 의도로), 신앙 [형] faithful (= loyal)
- **fallback** [명] (만일의 사태에 대한) 대비책 (ex. fallback position, 협상을 준비함에 있어 우리 측의 가능한 최종 후퇴선), 준비품, 후퇴
- **favor** [명] 호의 (ex. favor judgement, 우세한 판결 즉 승소, ex. in favor of, ~에게 지불하는, 수표 등이 ~ 앞으로 발행된), 은혜, 찬성 [동] ~에게 유리하다 [형] favorable
- **feasible** [형] 실행 가능한 (ex. technically feasible, 기술적으로 실현 가능한) [명] feasibility (= probability, possibility, ex. feasibility study, 예비 조사)
- **file** [동] 제출하다 (ex. filing of article of merger, 합병 신고서 제출), 등록하다, 제기하다 (ex. file a suit, 소를 제기하다) [명] 공식 기록, 정보 서류
- **financial** [형] 금융의, 재정의 (ex. financial standing, 재무 상태, ex. financial health, 재무 건전성) [명] finance [명] financing (자금 융통)
- **fit** [동] 맞다, 적합하다 [형] 탄탄한 [명] fitness (ex. fitness for a particular purpose, 특정 목적에 대한 적합성)
- **follow** [동] (시간, 순서상으로) 뒤를 잇다 (ex. the following, 아래의), 따르다, (~의)

다음에 오다 🖲추종, 다음 (ex. as follows, 다음과 같이)

- **force** 🖲힘 (ex. force majeure, 불가항력), 영향력, 효력 (ex. obligatory force, 구속력), 물리력 🖲~를 강요하다 🖲forcible

- **foregoing** 🖲앞서 언급한, 전술한 (= foresaid, aforementioned)

- **form** 🖲결성하다, 조직하다, 조립하다 🖲방식, 유형 (ex. in the form of the attached Exhibit A, 별지 A의 형식으로)

- **forth** 🖲앞으로 (= forward), ~ 쪽으로 (ex. set forth, ~을 제시하다, 출발하다 (ex. and so forth, ~ 등등), 밖으로

- **forthwith** 🖲즉시 (= immediately), 바로, 즉각 (ex. be announced forthwith, 즉각 발표되다), 지체 없이 (= without delay)

- **forwarding** 🖲운송 (ex. forwarding agent, 운송업자, ex. forwarder, 운송 주선인), 선도 계약, 촉진 🖲🖲forward (앞으로, 진행된) 🖲forward (송달하다, 전송하다)

- **franchise** 🖲프랜차이즈 (가맹점 영업권), 독점 사업권, 각종 허가, 선거권, 경영권, 영업 특허 🖲~의 사용권(특판권)을 허가하다

- **freight** 🖲화물 운송 (= cargo, ex. freight rate, 운송비), 운임, (ex. advance freight, 선급 운임, ex. freight forward, 운임 도착지 지급), 화물, 선하

- **friction** 🖲마찰 (ex. trade friction, 무역 마찰), 알력, 불화 🖲frictional (ex. frictional unemployment, 마찰적 실업)

- **fulfill** 🖲(목표, 꿈 등)을 달성하다, 성취하다, (책임, 임무, 기능, 역할 등)을 수행하다, 이행하다 🖲fulfillment (성취감)

- **fully** 🖲충분히, 완전히 (ex. fully paid, 전액 지불된) 🖲full (ex. full coverage, 전부 담보) 🖲fill

- **furnish** 🖲제공하다 (= offer, provide), 제출하다, 교부하다, 공급하다, (필수품을) 비치하다, 설비하다

G

- **gain** 몡 (세법상의) 이득 (ex. gain and loss realized, 실현된 이득과 손실), 이익, 수확물 됭 (이익, 혜택을) 얻다

- **gap** 몡 틈, 간격, 사이, 결함 (ex. fill the gap, 결함을 보충하다, ex. gap-filler provision, 보충 규정), 간극, 격차

- **garner** 됭 득표하다, 축적하다, 모으다 (= collect) 몡 곡창 (= granary), 곡물 용기, 저축, 축적

- **garnishment** 몡 채권(가)압류 (ex. garnishment action, 채권 압류 절차, ex. garnishment order, 채권 압류 명령) 됭 garnish

- **gavel** 몡 세금, 지대, 간접세, (판사 등이 쓰는 작은) 망치, 의사봉 (ex. gavel to gavel, 개회부터 폐회까지)

- **general** 혱 일반의, 보통의, 전체적인 (ex. general shareholders' meeting, 주주 총회), 총체적인 (ex. general strike, 총파업) 몡 대장, 장군

- **generation** 몡 세대 (ex. for generations, 몇 세대에 걸쳐), 동시대 사람들, 발생, 생성 됭 generate (ex. generate profits, 이익을 창출하다)

- **gist** 몡 요점 (ex. get the gist of, ~의 요점을 파악하다), 근본 (ex. gist of action, 소송의 기초), 요지, 소송의 요인

- **goal** 몡 목표 (ex. long-term goal and short-term goal, 장기적 목표와 단기적 목표, ex. ultimate goal, 궁극적 목표), 목적, 득점, 골문

- **good** 혱 좋은, 우량한, 훌륭한, 유능한, 잘하는, 맛있는, 효과적인, 질 좋은(ex. good buy, 잘 산 물건), 타당한 (ex. good reason, 그럴 만한 이유), 상당한 (ex. good sum, 목돈) 몡 미덕, 장점

- **goodwill** 몡 영업권, (상점 등의) 신용, 호의, 후의, 선의, 친절, 친선 (ex. international goodwill, 국제 친선), 신뢰 관계

- **governance** 몡 지배, 통치, 관리, (기업의) 지배 구조 (= corporate

governance) 동govern (ex. govern trade, 무역을 통제하다)

- **government** 명정부 (ex. government agent, 행정 기관), 행정 형governmental (ex. governmental authority, 정부 당국) 동govern (ex. governing law, 준거법)

- **grace** 명호의, 유예 (ex. grace period, 유예기간), 은혜 (ex. legislative grace, 입법부의 은혜), 기품, 연장, 은총

- **grant** 동부여하다, 허락하다 (ex. grant trademark, 상표를 승인하다), 인정하다 명보조금, 허가, 양도 (ex. grant deed, 양도 증서), 권리의 부여(ex. grant of patent, 특허권의 부여)

- **gratify** 동만족시키다, 기쁘게 하다, (욕망 등)을 채우다 명gratification (기쁨, 만족, 포상) 형gratifying

- **gratis** 부무료로, 무료의 (= free of charge, at no cost), 임의로 (ex. gratis dictum, 임의적 진술)

- **grave** 형(문제, 사태 등이) 중대한 (ex. grave threat, 중대한 위협), 위기를 안고 있는 명무덤 명gravity

- **great** 형중대한 (ex. great caution, 세심한 주의), 위대한 (ex. great compromise, 위대한 타협), 거대한 명greatness

- **grievance** 명불만, 고충, 불복 (ex. grievance procedure, 고충 처리 절차, ex. grievance settlement, 고충 처리) 명grievant (중재 신청인)

- **ground** 명근거 (ex. ground of action, 소송의 근거), 기초, 이유, 대지 (ex. ground control, 지상관제), 대지, 기반, 바탕 명groundage (정박료)

- **growth** 명성장 (ex. economic growth rate, 경제 성장률), 발달, 증가, 증대 동grow (ex. grow export side of business, 사업의 수출 부문을 성장시키다)

- **grudge** 명악의, 유감, (적의) 원한 동(악의, 불만 등)을 품다, 불평하다, 인색하게 굴다 (ex. grudge no efforts, 노력을 아끼지 않다)

- **guarantee** 명품질 보증서, 보증 (= warranty, ex. guarantee clause, 보증 조항), 보증 계약 (= guaranty), 피보증인, 담보 동보증하다 명guarantor (보증인, 인수인)

H

- **halfway** 분 중간에 (ex. meet you halfway, 타협하다, 반씩 양보하다), 도중의, 부분적으로, 중간의 (ex. halfway stage, 중간 단계) 형 불충분한

- **handling** 형 처리하는 (ex. handling charges, 수수료) 명 취급 (ex. cargo handling, 선하 취급), 처리, (상품의) 출하 동 handle 명 handle (손잡이)

- **harm** 명 손해 (ex. immeasurable harm, 헤아릴 수 없는 손해), 위해, 피해 동 손상시키다, 해를 끼치다 형 harmful

- **haven** 명 안식처 (= a haven of peace), 피난장소 (= refuge, shelter), 소굴, 안전한 장소 (ex. tax haven, 조세 회피지)

- **hearing** 명 심리, 신문, 청문 (ex. public hearing, 공판, 공개 청문, ex. open hearing, 공청회), 청각, 청력 동 hear

- **heed** 명 주의 (= attention), 유념 (ex. take head of, ~을 유념하다) 동 ~에 주의를 기울이다, 조심하다, 유의하다

- **henceforth** 분 지금 이후로 (= from now on), 현재로부터 앞으로

- **hereafter** 분 금후, 이후, 이하, 다음의, 현재와 과거를 배제하고 장래에

- **hereby** 분 이에 따라, 이리하여, 이에 의하여, 이 문서에 의하여

- **herein** 분 여기에, 이 속에, 이 점에서 (= in this)

- **hereinafter** 분 (서류 등에서) 이하에

- **hereinbefore** 분 (서류 등에서) 위에, 윗글에서

- **hereof** 분 이에 관하여

- **hereto** 분 이 문서에, 여기에

- **heretofore** 분 이전에는, 지금까지는 (= hitherto), 이제까지

- **hereunder** 분 이에 의거하여, 아래 문장에, 이하에

- **hire** 분 임대, 대여 (ex. hire purchase agreement, 할부 구입 계약서), 도급, 임대료 동 빌리다, 대여하다, 세내다, 고용하다

- **hold** 图 보유하다 (ex. holding company, 지주 회사), 판결하다 (ex. hold good, 유효하다), 개최하다, 유지하다, 보관하다
- **honor** 图 (어음 등)을 인수하다 (= honour), 지급하다, 명예를 부여하다, 공경하다 명 인수, 명예, 평판, 존경, 경의, 상, 재판장 웹 honorable (= honourable)
- **hypothesis** 명 가설 (= theory, ex. reasonable hypothesis, 정당한 가설), 가정, 추측 웹 hypothetical 图 hypothesize

I

- **identity** 명 동일성 (ex. identity of parties, 당사자의 동일성), 독자성, 신원 图 identify 명 identification
- **ignorance** 명 무시 (= lack of knowledge) 图 ignore (무시하다, 각하하다) 웹 ignorant (무지한)
- **illegal** 웹 위법인 (= unlawful, against the law), 불법인 (↔ legal) 명 illegality 명 불법 체류자, 밀입국자
- **illicit** 웹 위법한 (↔ licit, lawful), 불법의, 부정의, 금지된, (도덕적으로) 허용되지 않는, 윤리적으로 어긋난
- **immediate** 웹 즉각적인 (ex. immediate notice, 신속한 통지), 즉시의 图 immediately (ex. immediately following, ~ 후 즉시, ex. immediately prior to, ~의 직전에)
- **imminent** 웹 긴급한, 급박한 (= impending, ex. imminent peril, 급박한 위험) 명 imminence
- **immunity** 명 면제, 면책특권 (= a right of exemption from a duty or penalty), 저항력, 면역력 웹 immune 图 immunize
- **impact** 명 (사건, 상황 등의) 강한 영향 (ex. significant impact, 중대한 영향), 충돌,

충격 [동]~에 큰 영향을 미치다

- **impair** [동] (가치 등)을 약화시키다, 손상하다 (= harm, injure), 해치다(ex. impair one's ability, ~의 능력을 해치다) [명] impairment
- **impartial** [형] 공평한 (ex. impartial jury, 공평한 배심), 편견이 없는(= unbiased), 공정한, (결정, 조사 등이) 치우치지 않는
- **impeach** [동] 탄핵하다, 고발하다, ~에 이의를 제기하다, 비난하다 [명] impeachment (ex. Impeachment Court, 탄핵 재판소)
- **impede** [동] (일, 발전 등)을 방해하다 (= hinder, hamper), 지연시키다, 차단하다 [명] impediment
- **impending** [형] (위험 등이) 임박한 (= imminent), 곧 닥치는 (ex. impending doom, 곧 닥치는 운명), 다가오는 [동] impend
- **imperfection** [명] 불완전 이행, 미비점, 결함, 결점, 불충분함 [형] imperfect (= flawed, ex. imperfect obligation, 불안전 채권 채무 관계)
- **imperil** [동] (재산, 생명 등)을 위태롭게 하다, 위험하게 하다 (= endanger) [명] imperilment
- **impertinent** [형] 적절치 않은 (= inappropriate, inapt, ex. impertinent statements, 적절치 않은 진술), 무관계한 (↔ pertinent)
- **implement** [명] (계약 등의) 이행, 도구, 수단, 방법 (= means), 기구 (ex. a household implement, 가정용 기구) [동] 이행하다 (= fulfill), (조건 등)을 충족하다
- **imply** [동] 묵시적으로 나타내다, 함축하다, 암시하다 (= suggest) [명] implication [형] implied (↔ explicit, 묵시적인, 간접적인)
- **import** [명] 수입 (↔ export, ex. import declaration, 수입 신고서, ex. import duty, 수입 관세, ex. import quota, 수입 할당제)
- **impose** [동] (세금, 의무 등)을 부과하다 (ex. impose a tax, 세금을 부과하다), (의견, 조건 등)을 강요하다 [명] imposition
- **improve** [동] 개선하다 (= make better), 개량하다 (= meliorate), ~을 향상시키다

ⓜ improvement (ex. room for improvement, 개선의 여지)

- **impute** ⓥ (책임 등)을 돌리다 (= ascribe, attribute), 전가하다, 고소하다, (가치, 금액 등)을 추산하다, 추정하다 ⓜ imputation

- **inability** ⓜ 무력, 무능력 (↔ ability), 지급 불능 (= insolvency), 무자격 ⓐ inable

- **inadequacy** ⓜ 불완전, 부적당, 불충분, (역량 등)의 부족 ⓐ inadequate (ex. an inadequate income, 불충분한 수입)

- **inadvertent** ⓐ 태만한, 부주의한 (ex. an inadvertent error, 부주의로 인한 잘못), 소홀한

- **incapable** ⓐ ~할 수 없는, (법적) 능력이 없는 (↔ capable), 자격이 없는 ⓜ incapability (= incapacity)

- **incidental** ⓐ 부수적인 (ex. incidental damages, 부수적 손해 배상), 우발적인 ⓜ incident ⓐ incidentally (= by the way)

- **include** ⓥ 포함하다 (↔ exclude), 넣다 ⓜ inclusion (= exclusion) ⓐ inclusive (= exclusive)

- **incompetent** ⓐ 무능력의 (ex. legally imcompetent, 법률적으로 무능력자인), 증인 능력이 없는, 부적절한 ⓜ incompetence (= inability, incapacity)

- **incorporated** ⓐ 통합한, 편입한, 법인격 있는, 주식회사의, 법인 회사의 ⓜ (법인 인가를 받은) 주식회사 (= inc., 약칭) ⓜ incorporation (법인 설립, 법인격의 부여) ⓥ incorporate

- **incorrect** ⓐ 부정확한 (↔ correct, ex. incorrect or erroneous shipment, 부정확 또는 잘못된 선적)

- **Incoterms** ⓐ International Commercial Terms의 약자로, 국제상업회의소(ICC)가 규정하는 무역 조건의 해석에 관한 국제 거래 규칙 (International Rules for the Interpretation of Trade Terms)

- **increase** ⓥ (수량, 정도 등에서) 증가하다 (ex. increase dramatically, 급격히 증가

하다), 늘다 (↔ decrease) [명] 증가 (ex. on the increase, 증가 추세에 있는), 상승, 인상 (ex. price increase, 가격 인상)

- **incur** [동] (손실을) 입다, (부채를) 지다, (비용을) 발생시키다, 부담하다, (위험 등)을 초래하다 [명] incurrence
- **indemnification** [명] 손실 보전, 보상, 면책 [동] indemnify (= compensate, reimburse) [명] indemnitor (배상 의무자) [명] indemnity [형] indemnitory
- **indicate** [동] 밝히다, 표명하다, (특히 간접적으로) 시사하다, 암시하다, 간단히 진술하다 [명] indication [형] indicative
- **indispensable** [형] 절대 필요한 (ex. indispensable evidence, 절대 필요한 증거), 불가결한 (= dispensable), 긴요한
- **individual** [형] 개별의, 개인적인, 독자의 (ex. individual contract, 개별 계약) [부] individually [동] individualize
- **indorse** [동] (어음 등에) 배서하다 (= endorse), (서류 뒷면에) 설명, 메모를 기입하다 [명] indorsement
- **induce** [동] 유발하다 (= cause), 야기하다, 권유하다, 유치하다, 일으키다 [명] inducement
- **industry** [명] 업계 (ex. industry standard, 업계의 표준), 산업 (ex. essential industries, 주요 산업), 공업, 제조업 [형] industrial
- **ineligible** [형] 비적격의, 부적임인, 부적당한 (ex. ineligible consideration, 적당하지 않은 고려) [명] ineligibility (= disqualification)
- **inequity** [명] 불공평, 불공정 (ex. inequity of income, 소득의 불공정), 부정 [형] inequitable
- **infer** [동] 추론하다, 암시하다, 의미하다 [명] inference (ex. necessary inference, 필연적 추론)
- **inferior** [형] 질 낮은, 하위의 (ex. inferior court, 하위 법원), 열등한(ex. inferior quality, 품질 불량)

- **inform** 동 ~에게 통지하다, 알리다 (ex. well informed about, ~에 대해 잘 아는), 정보를 주다, 밀고하다 명 information

- **infringe** 동 (권리를) 침해하다, 저촉하다, (법규 등)을 어기다 명 infringement (ex. infringement of patent, 특허권 침해)

- **inhabit** 동 (~에) 거주하다 (= dwell), 살다 (= live), ~에 존재하다 (= stay) 명 inhabitant 형 inhabitable

- **inhibit** 동 금하다, 방지하다, 억제하다 명 inhibition (= injunction, 금지 명령) 형 inhibitory, inhibitive

- **initial** 형 처음의 (ex. initial term, 당초 기간) 부 initially 동 initiate (= commence, start, originate) 명 initiation 명 initiative (주도, 창시, 발의)

- **injunction** 명 (재판소에 의한) 중지 청구, 금지 명령 형 injunctive (ex. injunctive relief, 금지 명령 구제)

- **injustice** 명 부정의 (↔ justice), 권리의 침해, 부정행위, 불공평 (ex. injustice of law, 법의 불공정)

- **inquire** 동 조사하다, 묻다, 심문하다 명 inquiry (= inquisition, inquest, ex. further inquiry, 추가 조사)

- **insert** 동 삽입하다, 넣다, 추가하다 명 삽입 광고, 전단, 삽입물 명 insertion

- **insolvency** 명 지불 불능, 채무 초과, 파산 (ex. insolvency proceeding, 파산 절차) 형 insolvent 명 insolvent (지급 불능자)

- **inspect** 동 점검하다, 검열하다 (= examine), 조사하다, 검사하다, 감시하다 명 inspection (ex. inspection charge, 검사료)

- **installment** 명 할부 (ex. installment sale, 할부 판매), 할부금 (ex. interest-free installment, 무이자 할부), 분할 지급, 분할 인도

- **institute** 동 (소송 등)을 제기하다, 개시하다, 창설하다, (제도, 정책 등)을 도입하다 명 제도, 협회, 연구소, 관례 명 institution (제정, 법제, 제도, 소송 제기)

- **instrument** 명 문서, 증서 (ex. instrument of transfer, 양도 증서), 증권, 문언,

서증, 기구, (각종 측정용) 계기

- **insurable** 형 보험에 들 수 있는 (ex. insurable value, 보험 가액), 보험의 대상이 되는 동 insure (ex. insured, 피보험자 또는 보험에 들어 있는) 명 insurance (ex. insurance premium, 보험료)

- **intellectual** 형 지적인 (ex. intellectual property right, 지식 재산권), 지능의 명 지식인, 식자 명 intellect (지적 능력, 지력)

- **intend** 동 의도하다, 작정하다 (ex. intend to, ~를 의도하다) 명 intent, intention 형 intended (ex. intended purpose, 소기의 목적)

- **intercession** 명 알선 (= arrangement), 주선, 조정, 탄원, 청원, 기도, 간청 동 intercede

- **interest** 명 이자 (ex. a fixed rate of interest, 고정 금리), 이익, 이해관계, 부동산상의 권리, 관심, 흥미

- **internal** 형 내부의 (= inner, ex. internal affair, 내부 사정), 국내의 (= domestic, ex. internal duties, 내국세)

- **interpretation** 명 (법, 계약서 등의) 해석 (ex. interpretation of statues, 제정법의 해석), 이해, 설명 동 interpret 형 interpretative

- **interrogation** 명 심문, 조사, 질문 동 interrogate 형 interrogatory (ex. interrogatory method, 문답식)

- **intervene** 동 간섭하다, 조정하다, 중재하다, 조정하다, 방해가 되다, (제3자가) 소송에 참가하다 (ex. intervenor, 소송 참가인) 명 intervention

- **introduce** 동 도입하다, 소개하다, (증거를) 제출하다 명 introduction (ex. introduction of evidence, 증거의 제출) 형 introductory

- **inure** 동 효력이 발생하다 (= take effect), 도움이 되다, ~의 이익으로 돌리다 명 inurement

- **invalid** 형 (법적으로) 무효인 (↔ valid), 효력이 없는 (= not binding force or legal efficacy), 근거가 없는 동 invalidate 명 invalidation (실효) 명 invalidity (무효)

- **inventory** 몡 재고품 (= stock, ex. inventory assets, 재고 자산), 물품 목록, 재고 조사, 재고품 명세서 (ex. inventory management, 재고 관리)
- **invest** 동 투자하다, 소비하다, (돈 등)을 지출하다, (관직, 지위, 권력 등)을 주다, 맡기다, ~에게 수여하다 몡 investment (ex. investment contract, 투자 계약)
- **invoice** 몡 송장 (ex. commercial invoice, 상업 송장, ex. pro forma invoice, 견적 송 장), (명세, 내역 등을 기재한) 청구서
- **invoke** 동 (법률에) 호소하다, (법령을) 실시하다, (권리를) 행사하다 (ex. invoke right to veto, 거부권을 행사하다)
- **involve** 동 관련되게 하다, 관여하다, 수반하다, ~을 필요로 하다
  혱 involved 몡 involvement
- **irreparable** 혱 회복 불능의 (= impossible to rectify or repair, ex. irreparable harm, 회복 불능의 손해), 회복할 수 없는 (= irretrievable)
- **irrevocable** 혱 취소 불능의 (↔ revocable, ex. irrevocable letter of credit, 취소 불능의 신용장, ex. irrevocable offer, 철회할 수 없는 청약)
- **issuance** 몡 발행 (ex. issuance of the share, 주식 발행), 발급, 교부 동 issue 몡 issue (쟁점, 논점) 혱 issuable
- **itinerant** 혱 순회하는 (ex. itinerant justice, 순회 재판 또는 재판관) 몡 순회 판사, 행상인, 순회 설교자

J

- **jackleg** 혱 미숙한 (ex. a jackleg lawyer, 엉터리 변호사), 파렴치한, 임시 변통의 (= makeshift), 아마추어의 (= amateurish)
- **jargon** 몡 특수 용어 (ex. legal jargon, 법률 용어), 뜻을 알 수 없는 말 (ex. avoid jargon, 전문 용어를 피하다), 허튼소리

- **jeopardize** 〔동〕위태롭게 하다 (ex. jeopardize one's position, ~의 지위를 위태롭게 하다), 위태로운 경지에 빠뜨리다 〔명〕jeopardy

- **jettison** 〔명〕투하 (폭풍우 기타 해난 시에 선박을 가볍게 하기 위해 자발적으로 바다 속에 투기된 화물), 선박 투하물 (= jetsam) 〔동〕~을 투하하다, 버리다, 폐기하다

- **join** 〔동〕협력하다, 결합하다 (= unite), 연결하다 (= connect), 가입하다, 합병하다, 합류하다, 참가하다 〔명〕연결, 결합, 합류

- **joinder** 〔명〕공동 소송 (= joinder of parties), 소송 원인의 병합 (= joinder of causes of action), 승인, 합의 (ex. joinder of issue, 쟁점의 합의), 병합 (ex. joinder of actions, 소송의 병합)

- **joint** 〔형〕합동의, 공동의 (ex. joint venture, 합작 사업, ex. joint liability, 연대 책임), 공유의 (ex. joint ownership, 공유권) 〔부〕jointly 〔동〕접합하다 (= adjoin) 〔명〕관절, 접합

- **journal** 〔명〕회계 장부 (ex. journal entry, 회계 장부의 기재), 분개장, 의회 일지, 잡지 (= periodical), 신문 〔동〕journalize (= 기록하다, 분개하다)

- **judgement** 〔명〕판결, 심판, 재판 (ex. judgement roll, 재판 기록), 판단, 분별, 평가 〔동〕〔명〕judge (ex. presiding judge, 재판장)

- **judicial** 〔형〕사법의 (ex. judicial power, 사법권), 재판상의 (= juridical), 법원의(ex. judicial admission, 법정에서의 자백), 공정한, 공평한 〔동〕judicialize

- **judicious** 〔형〕현명한 (ex. a judicious use of money, 돈의 현명한 사용 방법), 사리 분별이 있는, 판단이 적절한, 분별력 있는 〔부〕judiciously

- **jurisdiction** 〔명〕관할, 사법권 (ex. a court of competent jurisdiction, 관할 법원, ex. an exclusive jurisdiction, 독립적인 사법권) 〔형〕juridictional

- **jury** 〔명〕배심 (ex. jury trial, 배심재판), 배심원단 〔명〕juror (= member of jury, judex)

- **just** 〔형〕공정한 (ex. just value, 공정 가격), 정당한 (ex. just compensation, 정당한 보상)

- **justice** 〔명〕정의 (ex. public justice and equity, 공공의 정의와 형평), 타당성, 정당성, 재판, 판사, 재판관, 정의 (ex. social justice, 사회 정의), 사법(ex. the system of criminal justice, 형사 사법 제도), 공정, 공평

- **justify** [동] 정당화하다 (= vindicate), 명분을 세우다, 옹호하다 (= defend)
  [명] justification (면책 사유, 정당화)

K

- **keelage** [명] 입항세 (= port dues), 정박세, 입항세 징수권
- **keen** [형] (가격 등이) 저렴한 (ex. keenly priced, 저렴하게 가격이 매겨진), 경쟁력 있는 (일, 공부 등에) 열심인, 간절히 바라는, (칼날 등이) 예리한
- **keep** [동] (가게 등)을 운영하다 (= run), (상품 등)을 보유하다 (= stock), (약속 등)을 지키다 (ex. keep one's promise, 약속을 지키다), (규율, 질서 등)을 유지하다
- **keystone** [명] 요지, 근본 요소, 근본 원리, 종석, 아치 이맛돌
- **keynote** [명] (회의, 보고서 등의) 기조, 주요 특징, 주된 경향 [형] 기조를 이루는 (ex. a keynote speech, 기조 연설) [동] (회의, 행사 등에서) 기조 연설을 하다
- **kickback** [명] (불법적인) 리베이트 (ex. substantial kickback, 상당한 리베이트), 중개료, 부당 수수료, 사례금
- **kinship** [명] 친족 관계, 혈연관계 (= close kinship, 가까운 혈연관계), (성질 따위의) 근사, 유사
- **knack** [명] (타고난) 재능, 소질 (ex. a knack for making money, 돈 버는데 타고난 재능), 요령
- **knit** [동] 접합하다 (= join), 굳게 결합시키다 (= unite), 짜다, 뜨다, 밀착시키다
- **knock** [동] 문을 두드리다, 못을 박다, ~을 때리다 (ex. knock off, 가격 등을 깎다) [명] 노크 소리
- **knot** [명] (배, 항공기의 속도 단위인) 노트 (ex. 1 knot, 시속 1,852미터), (밧줄, 끈 등의) 매듭 [동] ~을 매다
- **know-how** [명] (일을 위한) 지식, 비결, 노하우, (실질적인) 지식과 경험 (ex.

acquire technical know-how, 기술적인 노하우를 습득하다)

- **knowledge** 몡 (경험, 학습 등에 의한) 지식 (ex. in-depth knowledge, 깊이 있는 지식), 견해, (상황, 사건 등에 대한) 인식, 이해 혱 knowledgeable 동 know

L

- **label** 몡 라벨, 꼬리표, 상표 (= tag, ticket), (제품 등의) 표시 동 라벨을 붙이다
- **landing** 몡 물품을 싣거나 내리는 장소, 즉 양하장, (하물, 승객 등의) 상륙, (항공기의) 착륙 (ex. make an emergency landing, 긴급 착륙을 하다), 승강장, 발착지, (항로의) 종점
- **lapse** 동 실효하다 (= become void), 폐기되다, (권리, 재산 등이) 소멸하다 몡 실수, 과실, (시간 등의) 경과, 소멸
- **launch** 동 (새로 만든 배를) 진수시키다, 착수하다, 출발하다, 개시하다, 개업하다 몡 (신제품 등의) 출시, (서비스 등의) 시작
- **lawful** 혱 합법적인, 법이 허용하는, 적법한 (= licit), 법정의 튀 lawfully 몡 law (ex. under the law of, ~의 법에 의거하여)
- **lawsuit** 몡 소송 (ex. file a lawsuit against, ~에게 소를 제기하다, ex. face a lawsuit, 제소를 받다), 민사 소송
- **lease** 몡 (건물, 차 등의) 임대차 계약, 리스 (ex. lease agreement, 리스 계약) 동 (건물, 장비 등)을 임차하다, 임대하다
- **leaflet** 몡 광고지, 전단지 (= pamphlet, booklet, brochure) 동 전단을 나눠 주다
- **legally** 튀 법적으로 혱 legal (ex. a legal jurisdiction, 법적 관할권, ex. legal aid, 법률 구조) 몡 legalization (합법화, 적법화, 법률화)
- **legitimate** 동 (부정한 일 등)을 정당화하다, (권한 등)을 합법화하다 혱 정당한, 지당한, 적합한 (= reasonable), 합법적인, 적법한 몡 legitimacy

- **lessee** 몡 임차인 (= tenant, ↔ lessor, 임대인)
- **levy** 몡 (세금 등의) 부과금, 징수액, 과세, 압류 통 (세금, 의무 등)을 부과하다
- **liability** 몡 책임, 채무, 의무, 부담 쳉 liable (ex. be liable to A for B, A에게 B에 대한 책임을 지다)
- **license** 통 허가하다 몡 허가, 인가, 면허 (ex. licensee, 피허가자, ↔ licensor, 허 가인) 통 면허(인가, 허가)를 내주다
- **lieu** 몡 장소 (= place, ex. in lieu of, ~을 대신하여)
- **limitation** 몡 제한 (= restriction), 한정 (ex. without limitation, 제한 없이), 출소 기한, 제한적 조건
- **liquidate** 통 (부채를) 청산하다, 정리하다, 변제하다 (ex. liquidated damages, 확정된 손해 배상액, 위약금, 예정 손해 배상금) 몡 liquidation
- **listing** 몡 상장 (ex. listing application, 상장신청), 부동산 중개, (표, 명부 등의) 작 성, 기록
- **litigation** 몡 소송 (= lawsuit, ex. file a litigation, 소송을 제기하다), 기소 통 litigate
- **loading** 몡 적재 (= the act of putting a load on or in), 하역
- **lodge** 통 (이의, 항의 등)을 제기하다, (항소장, 지원서 등)을 제출하다 (= register, submit), 부탁하다, 신청하다, 숙박시키다 (ex. lodging, 숙박, 하숙), 머물다, 묵다
- **loss** 몡 손해(액), 손실, 분실 (↔ profit, ex. loss or damage, 손실 또는 손해), 적자 통 lose
- **lucrative** 쳉 수지가 맞는 (ex. lucrative business, 수지맞는 사업), 유리한, 무상 으로 얻은

M

- **maintain** 통 유지하다 (= preserve), 지키다, (소송을) 개시하다, 계속하다, 주

장하다, 부양하다 **몡**maintenance

- **malfeasance** **몡**부정행위 (= ill conduct), 위법 행위 (= evil doing)
- **manifestation** **몡**표시, 표명, 구현, 징후, 발현, 발병 **동**manifest
  형manifest (명백한, 확연한) **몡**manifest(적하목록)
- **manner** **몡**방법 (= method, way, ex. in any manner, 어떤 방법으로든), 방식, 태도,
  예의
- **manufacture** **동**제조하다, 생산하다 **몡**제조, 생산 (= production)
- **marginal** **형**한계의 (ex. marginal benefit, 한계 이익), 중요하지 않은, 최저한
  의 **몡**margin
- **marine** **형**해양의, 해상의 (= naval, ex. marine transport, 해상 운송), 바다의
- **marketable** **형**시장성 있는, 시장의, 잘 팔릴 만한 **몡**market
  몡marketability(시장성)
- **master** **형**기본의 (ex. a master separation agreement, 분할 기본 계약서) **동**숙달
  하다, 통달하다 **몡**사용자 (ex. master and servant, 사용자와 피용자), 주인, 대가
- **mate** **몡**친구, 배필, 항해사 (ex. mate's receipt, 본선 수취증, M/R)
- **material** **몡**자재, 원료, 물자 **형**중대한, 본질적인 (ex. material breach, 중대한
  위반), 중요한 (ex. material evidence, 중요한 증거)
- **maturity** **몡**만기, 지급 기일 **형**mature (= due) **동**mature
- **matter** **몡**문제, 일, 사안, 사항 (ex. to all matters, 모든 사항에 대해) **동**중요하다
- **mediation** **몡**조정, 화해 (= conciliation, ex. court of mediation, 조정 재판소)
  동mediate **형**mediate (중간의, 중개에 의한)
- **meeting** **몡**회의 (ex. minutes of meeting, 의사록, 회의록)
- **memorandum** **몡**(장래의 계약을 위한 골자를 적은) 서면, 각서, 제안서
- **merchantability** **몡**상품성 **형**merchantable (ex. of merchantability quality,
  상품성이 있는) **몡**merchant (상인, 무역상)
- **merger** **몡**합병 **동**merge (ex. be merged with and into, ~에 흡수 합병 되다)

비즈니스 영어 핵심 패턴 500

- **minutes** 몡 의사록, 각서 휑 minute (세심한, 상세한, 철저한, ex. with one's minute care, 세심한 주의를 가지고) 몡 minute (시간 단위의 분)

- **misappropriation** 몡 부정 사용, 유용 (= misuse), 착복, 횡령, 배임 됭 misappropriate (= embezzle)

- **misrepresentation** 몡 부실 표시 (ex. fraudulent misrepresentation, 악의의 부실표시), 허위 진술 (↔ representation, 설명, 진술, 표현)

- **mitigation** 몡 경감 (ex. mitigation of damages, 손해의 경감), 감액, 감경, 감면 됭 mitigate

- **modification** 몡 (개선을 위한) 수정, 변경 (= adaptation, change), 완화, 가감 됭 modify

- **monetary** 몡 금전적인, 금전상의, 통화의, 화폐의 (ex. monetary policy, 통화 정책)

- **mutual** 휑 상호의 (= reciprocal, ex. mutual agreement, 상호 합의), 공동의 (= joint) 붐 mutually (ex. mutually convenient, 서로에게 편리한) 몡 mutuality (상호성, 쌍무성)

N

- **neat** 휑 (방법, 해결책 등이) 간단하고 효과적인, 깔끔한 (ex. a neat solution, 깔끔한 해결책), 단정한, 말쑥한, 잘 정돈된

- **necessity** 몡 필연성, 필요 (ex. public necessity, 공공의 필요), 부득이한 사정, 긴급 피난 휑 necessary 됭 necessitate

- **negate** 됭 부인하다, 부정하다 (= deny), 무효로 하다, 취소하다 몡 negation 휑 negative (ex. negative duty, 소극적 의무)

- **negligence** 몡 부주의, 태만, 과실 (= carelessness, ex. culpable negligence, 중과실) 휑 negligent 됭 neglect

- **negotiate** (동)교섭하다, 협의하다, 절충하다, 협상하다 (명) negotiation (ex. negotiation credit, 어음 매입 신용장, ex. trade negotiation, 무역 협상)

- **neutralize** (동)(국가, 지역 등)을 중립화하다, (효과 등)을 무효화시키다, 억제하다, (화학 물질 등)을 중화하다 (명) neutralization

- **nominal** (형)(금액 등이) 얼마 안 되는, 미미한 (ex. a nominal fee, 아주 적은 요금), (지위, 권리, 가치, 이자율 등이) 명목상의, 액면상의

- **nominee** (명)지명된 사람, 명의인, (직위, 수상 등의) 후보 (명) nomination (동) nominate (= appoint)

- **nonappealable** (형)상소할 수 없는 (ex. nonappealable decision, 호소력이 없는 결정)

- **non-binding** (형) (협약, 결의안 등이) 구속력이 없는 (↔ binding, ex. a non-binding agreement, 구속력 없는 협약)

- **nonconformity** (명)불일치 (↔ conformity), 부적합 (ex. nonconformity in, ~에 있어 불일치) (형) nonconforming

- **normal** (형)정상의, 통상의, 보통의, 평범한 (ex. during normal business hours, 통상의 업무 시간 중에) (명) normality (동) normalize (명) normalization (표준화, 정상화)

- **notable** (형)주목할 만한, 뛰어난, 유명한 (ex. be notable for, ~로 유명한) (명) notables (저명 인사, 유명인)

- **notary** (명)공증인 (= notary public, ex. notary fee, 공증 비용) (명) notarization (형) notarial (동) notarize

- **notification** (명)통지 (ex. notification of assignment, 양도 통지), 신고, 알림 (동) notify (ex. notifying party, 통지 당사자) (명) notice (ex. written notice, 서면 통지)

- **notion** (명)개념 (= concept), 관념, 생각 (= thought), 충동 (형) notional

- **notwithstanding** (부)~에도 불구하고 (= in spite of, ex. notwithstanding the forgoing, 앞에서 언급한 규정에도 불구하고)

- **nourish** (동)(생각, 감정 등)을 키우다, (사람, 동식물 등)에게 영양분을 주다

[명] nourishment

- **nowise** [부] 결코 ~하지 않다 (= in no way, not at all), 조금도 ~이 아니다
- **nuance** [명] (태도, 의미, 색채 등의) 미묘한 차이, 뉘앙스 [형] nuanced(표현 등이 미묘함을 살린, 섬세한)
- **nugatory** [형] 무효의 (= void), 가치 없는, 법적으로 유효하지 않는 (= of no effect), 무익한
- **nuisance** [명] 불법 방해, 골칫거리, 성기신 일, 폐 (ex. make a nuisance of, ~에게 폐를 끼치다)
- **nullify** [동] 무효로 하다, 파기하다, 취소하다 [명] nullification [명] nullity (ex. nullity of marriage, 혼인의 무효)
- **nurture** [명] 양육, 훈육, 양성, 교육 [동] 양육하다, 가르쳐 길들이다 [명] nurturance

O

- **object** [명] 목적 (= aim, ex. object of a statute, 법률의 목적), 대상, 관심 사항, 객체, 물체 [동] 반대하다, 항의하다, 이의를 말하다 [명] objection
- **objective** [명] 목적 (= aim), 목표 (= goal, ex. attain an objective, 목표를 달성하다) [형] 객관적인, 편견이 없는, 목표의, 공평한
- **obligate** [동] (법률상의) 의무를 지다 [명] obligation (ex. obligation to pay, 지불해야 할 의무) [형] obligatory
- **oblige** [동] ~에게 무엇을 하도록 강요하다, ~에게 의무를 지우다 [명] obligation [명] obligee (= promisee, 채권자) [명] obligor (= promisor, obligator, 채무자)
- **obscure** [형] 명료하지 않은, 모호한, (말, 의미 등이) 분명치 않은 [동] 모호하게

하다, 덮어 감추다, ~을 알기 어렵게 하다

- **observance** 몡 (법률, 규칙, 관습 등의) 준수 (ex. observance of the contract terms, 계약 조건의 준수), 지킴 동 observe

- **obstruct** 동 (일의 진행, 행동 등)을 방해하다 (= hinder), 차단하다, 막다 몡 obstruction

- **obtain** 동 취득하다, 획득하다, 입수하다, 구하다 몡 abtainment

- **obviate** 동 제거하다, (위험, 곤란 등)을 없애다, 회피하다 몡 obviation

- **occasion** 몡 경우, (특정한) 때 (ex. as occasion demands, 경우에 따라)

- **occupation** 몡 직업, 점유 (= occupancy) 혱 occupational (ex. occupational injury, 직업상의 손해) 동 occupy

- **occur** 동 (사건 등이) 일어나다, 생기다, 나타나다 몡 occurrence (ex. a rare occurrence, 드물게 일어나는 사건, ↔ a frequent occurrence)

- **offend** 동 (법 등)을 위반하다, 범죄를 저지르다, (기분 등)을 불쾌하게 하다, (도덕, 양식 등)에 반하다 (= offend against) 몡 offense 혱 offensive (ex. offensive language, 불쾌한 언사)

- **offer** 동 제공하다, 제안하다 몡 청약, 제공, 신청, 제안 (ex. the offer, issuance and sale, 제안, 발행, 그리고 판매)

- **offset** 동 (손실, 이득 등)을 상쇄하다, 상계하다 몡 상계 (ex. offset account, 상계 계정), 상쇄, 오프셋 인쇄

- **omission** 몡 부작위 (ex. commission or omission, 작위 또는 부작위), 생략, 해태, 누락, 제외 동 omit (= leave out)

- **ongoing** 혱 진행 중인, 전진하는 (ex. ongoing technical support, 지속적인 기술 지원)

- **opening** 몡 (일자리, 지위 등의) 빈자리, 개업, 개관, 기회, 영업 (ex. opening hours, 영업시간), 첫머리 (ex. opening statement, 재판의 모두 진술), 개막 혱 동 open 혱 처음의, 개시의, 개회의

- **operation** 몡 (기업, 조직 등의) 운영, (법률 문서 등의) 유효성, (제도, 계획 등의) 운용 (ex. operation of law, 법의 적용), 작업, 활동, 수술, 작용 됩operate 휑operational
- **opposite** 휑반대의, 상반되는, 역의 젙~의 반대쪽에, ~의 맞은편에 (ex. opposition party, 야당) 몡opposition (ex. encounter opposition, 반대에 직면하다)
- **optimal** 휑최적의 (= optimum, ex. optimal solution, 최적의 해결 방안), 가장 바람직한 됩optimize 몡optimization
- **option** 됩 (주식 등의) 선택 매매권, 선택권 (= the right of choice), 옵션 (ex. option contract, 선택권 부여 계약), (시험, 과정 등의) 선택 과목 휑optional
- **ordain** 됩 (제도 등)을 정하다, (성직자 등)을 임명하다, 서품하다, (법률 등이) 규정하다 (ex. ordain that, ~라고 명하다, 정하다) 몡ordination
- **order** 몡주문 (ex. order placement, 발주), 주문서 (ex. purchase order, 구매 주문서), 정리, 규칙, 지시 (ex. order bill of lading, 지시 선하 증권), 질서, 순서, (법원의) 명령서 됩주문하다, 명령하다
- **organization** 몡설립, 조직, 단체, 기구, 구조 (= structure), (행사, 전시회 등의) 조직화, 유기체, 됩organize 휑organizational
- **original** 됩정본 (↔ counterpart, duplicate, counterfoil, copy), 원본 휑원래의, 당초의 (ex. original intent, 당초의 의도), 최초의, 기본이 되는, 제1의 (ex. original jurisdiction, 제1심 재판 관할권), 독창적인 몡originality
- **ostensible** 휑표현상의 (ex. ostensible agency, 표현상의 대리, ex. ostensible reason, 표면적인 이유), 외형적인, 외관상의 뷔ostensibly
- **otherwise** 뷔그렇지 않으면 (ex. or otherwise, 혹은 그렇지 않건), 그 외에는, 달리, 다른 방법으로 (= in a different manner), (말, 행동 등에서) 다른 식으로
- **outcome** 몡 (최종적인) 결과 (= what happened, ex. the outcome of the election, 선거 결과), 성과, 과정
- **outline** 몡개요, 요지, 대강 (ex. in outline, 개략적으로), 요점, 윤곽, 테두리,

(글, 작품 등의) 대강의 줄거리 [동] ~의 요점만 들다, ~의 개요를 서술하다, ~의 윤곽을 그리다

- **output** [명] 생산량 (ex. manufacturing output, 제조업 생산량), (컴퓨터, 기계, 엔진 등의) 출력, 작업량, 산출량 (ex. output contract, 산출물 일괄 계약) [동] (데이터, 문서 등)을 출력하다 (↔ input)
- **outstanding** [형] 남아 있는, 미결제의 (ex. outstanding invoice, 미결제 청구서), (채무 등이) 미납의, (문제 등이) 미해결의, 미지급의, 공모되는, 뛰어난, 중요한 (= prominent), 걸출한, 훌륭한
- **overcome** [동] (문제, 어려움 등)을 극복하다, ~에 이겨 내다, 정복하다 (= conquer), 뒤집다, ~을 압도하다 (= overwhelm)
- **overdue** [형] (지불, 반납 등의) 기한이 지난 (ex. overdue payment, 지불의 지연, ex. overdue taxes, 미납 세금), 만기가 경과한 (ex. overdue paper, 만기 경과 증권), 연체된 (ex. overdue mortgage payments, 연체된 장기 주택 융자금)
- **overestimate** [동] ~을 과대평가하다 (= overplay, ↔ underestimate), (수량, 가격 등)을 너무 높거나 많게 추정하다 [명] overestimation
- **override** [동] (결정, 명령 등)을 철회하다, 무효화하다, ~보다 더 중요하다, ~에 우선하다 (ex. override the law, 이 법률에 우선하다), (자동 제어 장치 등)을 해제하다 [명] (유전, 광산 등의) 체굴료
- **owe** [동] (돈 등)을 빚지다 (ex. owe to, ~에게 의무 등이 있다), ~해야 한다, (특정 금액 등)을 지급해야 한다, ~에게 은혜를 입다

P

- **package** [명] 포장 용기 (= packet), (식품 판매용의) 팩, 소포 (= parcel), (여행사의) 패키지여행, 종합 프로그램, 종합 대책 [동] (제품 등)을 포장하다, (상품 등)을 묶

음으로 판매하다

- **pamphlet** 몡 (정보, 의견 등을 담은) 작은 책자, 소논문, 시사 논문, 팸플릿
  통 (특정 지역 등)에 소책자를 배포하다

- **parameter** 몡 한도 (ex. within parameters, 한도 내에서), 요소, 기준, (수학, 과학
  등에서) 매개 변수, 한계, 제한 범위, 특질

- **paraphrase** 몡 부연 (설명), (상세히) 바꿔 쓰기, 의역 통 말을 바꿔서 설명하
  다, (알기 쉽게) 바꿔 말하다, (알기 쉽게) 바꿔 쓰다

- **parol** 혱 구두의, 구술의 (ex. parol agreement, 구두 계약, ex. parol evidence rule,
  구두 증거 배척의 원칙)

- **participation** 몡 참가 (ex. participation preferred stock, 참가적 우선주), 참여,
  관여, 참가권 통 participation 혱 participative (= participatory)

- **particular** 혱 특정한, 특별한, 개개의, 각별한, 까다로운 (= fussy), 특
  유의, 독특한 (= peculiar) 몡 particulars (상세한 내용, 세부 사항, 명세서, 내역)
  몡 particularity 통 particularize

- **partnership** 몡 (민법상의) 조합, 합명 회사, 공동 경영, 동업, (협력) 관계 (ex.
  form a partnership, 협력 관계를 맺다, 제휴하다)

- **party** 몡 (협상, 계약 등의) 당사자 (ex. the parties to the dispute, 분쟁 당사자들, ex.
  receiving party, 수령자), 정당 (= political party), 일행, 일단

- **patent** 몡 특허권 (ex. patent attorney, 변리사, ex. patentee, 특허권자, ex. patent
  pending, 특허 출원 중), 특허, 특허증 혱 분명한, 명백한 혱 patentable

- **payable** 혱 (요금, 빚 등을) 지불해야 하는, 지불 가능한 통 pay 몡 payment
  (ex. payment term, 지불 조건, ex. account payable, 외상 매입금)

- **pending** 혱 미해결의 (= pendent), 계류 중인, 미결의 (ex. a pending question,
  미해결 문제), 보류 중인, ~를 기다리는 동안 통 pend 몡 pendency

- **performance** 몡 이행 (ex. performance bond, 이행 보증), 행위, (투자, 제
  품 등의) 성과, (임무 등의) 수행, (기계, 차 등의) 성능, 공연, 연주, 성적, 실적

ⓢ perform (= carry out)

- **permission** ⓜ 허가, 허락, 승인, 허용, 인가, 동의, 허가증 ⓢ permit

   ⓜ permit (ex. export permit, 수출 허가서) ⓗ permissive

- **personnel** ⓜ (집합적) 인원, 직원, 사원, 인력, (조직 등의) 인사 담당 부서, 인

   사과 ⓗ personal (ex. personal contract, 개별 계약, ex. personal credit, 개인 대출)

- **petition** ⓜ 청원, 신청, 진정서, 탄원서, 소장 (ex. file a petition, 소장을 제출하

   다) ⓢ ~에 진정하다, 청원하다, 탄원하다

- **plead** ⓢ (법정에서 피고가) 진술하다, 답변하다, ~에게 간청하다, (이유, 근거 등)

   을 주장하다 (ex. plead that, ~라고 주장하다), 말하다 ⓜ pleading (소송 답변 절차,

   소송 답변서)

- **policy** ⓜ 보험 증권 (= insurance policy), 보험 증서, 정책 (ex. policy making, 정

   책 입안), 방침, 시책, 지침, 보험 약관

- **possession** ⓜ 소유 (ex. in possession of, ~을 소유하는), 점유, 점유권, 소유

   물 (= belongings) ⓢ possess ⓗ possessive

- **potential** ⓗ 잠재적인, 가능성 있는 (ex. potential customer, 잠재 고객) ⓜ 가능

   성, 잠재력 ⓜ potentiality

- **power** ⓜ (공식적, 법적) 권한 (ex. statutory powers, 법에 정해진 권한), 힘, 권력,

   정권, 전력, 동력, 영향력 ⓢ 작동시키다, (자동차, 기계 등에) 동력을 공급하다

   ⓗ powerful

- **practicable** ⓗ 실행 가능한, 실제적인, (사고방식 등이) 현실적인, 실용적인

   (= practical), 사실상의, (방법, 해결책 등이) 효과적인 (ex. a practical solution, 효과적

   인 해결책) ⓜ practice ⓢ practise

- **preamble** ⓜ (책의) 서문, 전문 (= intent of instrument, 문서의 목적, 즉 머리말과

   설명 조항으로 구성된 문장)

- **preceding** ⓗ 이전의 (= previous, ex. preceding quarter, 직전 사분기), 지난,

   전술한 ⓢ precede ⓗ precedent (선행하는, ex. condition precedent, 정지 조건)

명 precedent (선례, 판례, 전례) **명** precedence (우선, 우위)

- **prejudice** **동** 배제하다, (기회, 가능성 등에) 악영향을 끼치다, ~을 손상시키다, ~에게 편견을 갖게 하다 **명** 선입견, 편견 (ex. without prejudice to, ~을 배제하지 않고, ~을 침해하지 않고)

- **preferential** **형** 우선권을 주는 (ex. preferential right, 우선권), 특혜를 주는 (ex. preferential treatment, 특별 대우, 차별적인, 우대의 **동** prefer **명** preference

- **premise** **명** 머리말, 전제, 전문, (회사 등이 사용중인) 건물 (ex. off the premises, 건물 밖에), 부지 **동** ~을 전제로 하다

- **prepaid** **형** 선불된, 선납된 (ex. freight prepaid, 운임 선불), 선급의(ex. prepaid expense, 선급 비용) **명** prepayment **동** prepay

- **prepare** **동** 준비하다, 입안하다, 작성하다 **명** preparation (ex. preparation or filing of any reports, 보고서의 준비 또는 제출, ex. in preparation for, ~에 대비해서)

- **prevail** **동** 우세를 차지하다, 승리하다, 승소하다 (ex. prevailing party, 승소한 당사자), 만연하다, 팽배하다 **형** prevalent **명** prevalence

- **principal** **명** 원금, (예금 등의) 원본, 주된 채무자, 본인, 교장 **형** 제1의, 주요한 (ex. principal office, 주된 사무소, ex. principal place of business, 주된 영업 장소)

- **prior** **형** 사전의 (ex. prior written notice, 서면에 의한 사전 통지), ~보다 우선하는 (ex. a prior claim, 우선권), 앞선, 중요한 **동** prioritize **명** priority

- **privilege** **명** 특권 (ex. privilege from arrest, 불체포 특권), 특전, 면책, 면제 **동** 특혜를 주다 (= favor), 특권을 부여하다

- **procedure** **명** 수속, 절차 (ex. trade procedure, 통상 절차), 수순, (일 처리 등의) 순서, 소송절차 **동** proceed (ex. proceed with, ~을 계속 진행하다)

- **process** **명** 과정, 공정, 소송 절차, 소환장, 영장 **동** (신청, 서류, 정보 등)을 처리하다, (식품, 원료 등)을 가공하다, 행진하다

- **product** **명** 제품, 결과물, 산물, 성과 **명** production (생산, 제조, ex. go out of production, 생산이 중단되다) **동** produce **명** produce (농산물, 농작물)

- **promising** 휑전도유망한, 장래가 촉망되는 (ex. a promising youth, 유망한 청년) 동 명 promise

- **promote** 동판촉 활동을 하다, 촉진하다, 승진시키다, 증진하다, 장려하다, 주최하다 명 promotion (ex. promotion campaign, 판촉 캠페인) 휑promotional (ex. promotional budget, 판매 촉진 예산)

- **promptly** 휀조속히, 제때에, 지체 없이, 곧바로, 즉시 (ex. as promptly as possible, 가능한 신속히) 휑prompt 동 prompt (촉진하다) 명 prompt (자극, 촉진)

- **property** 명재산, 소유권, 소유 (ex. property right transfer, 소유권 이전), 부동산 (ex. property management, 부동산 관리), 자산, 특성, 속성

- **prospect** 명실현 가능성, 예상, 예상 고객, 장래성, 유력 후보, 경치 동 (광석 등을 찾아) 탐사하다, 시굴하다 휑prospective

- **protect** 동 (기밀 등)을 보호하다 (= preserve in safety), 지키다 (= guard), 보장하다 명 protection (ex. constitutional protection, 헌법상의 보호) 휑protective

- **provide** 동 규정하다 (= stipulate, ex. provided in, ~에 규정된, ex. providing that, ~을 조건으로 하여, 다만 ~하여), 제공하다, 공급하다 명 provision (ex. under the provisions of, ~의 규정에 따라)

- **publication** 명공개 (ex. publication of confidential information, 비밀 정보의 공개), 공시, 발행물, 출판, 발행, (출판물을 통한) 발표, 간행물 동 publish

- **punctual** 휑시간을 엄수하는 (= on time, ex. be puntual, 시간을 지키다, ex. punctual to the minutes, 제 시간에) 명 punctuality

- **punitive** 휑징벌적인 (ex. punitive damages, 징벌적 손해 배상금), 가혹한 (ex. punitive taxes, 가혹한 세금), 제제의, 처벌의 (ex. punitive measures, 처벌 조치)

- **purchase** 동~을 구입하다, 구매하다 (↔ sell) 명 구매 (ex. purchase price, 구매 가격, ex. direct purchase, 직구매, ex. purchase of controlling shares, 지배 지분의 매수)

- **pursuant** 휑 (특히 법률, 규칙 등에서) ~에 따른 (ex. pursuant to the terms and conditions, 조건에 따라), ~에 의한 동 pursue 명 pursuit 명 pursuance (이행)

Q

- **qualify** 동 ~에게 자격을 주다, 자격이 있다, 인정하다, 권리를 주다, (발언 등)에 조건을 달다, ~의 의미를 한정하다, (단어, 구 등)을 수식하다 명 qualification (ex. without qualification, 예외 등의 조건 없이) 형 qualified

- **quality** 명 품질 (ex. service quality, 서비스 품질, ex. strict quality control, 엄격한 품질 관리), 고급, 자격, 특질, 소양, 특성, 특색 형 양질의 (= excellent)

- **quantity** 명 수량, 양 (↔ quality), 분량, 다수, 대량 (ex. in quantity, 대량으로), 다량 형 quantitative (↔ qualitative, ex. quantitative easing, 양적 완화)

- **quarterly** 부 분기별의 (ex. quarterly sales report, 분기별 판매 보고서) 명 quarter 동 quarter (~을 4등분하다)

- **quay** 명 (배를 대는) 부두 (= wharf, pier, dock, ex. quayside, 부둣가), 선창, 방파제, 안벽

- **quiet** 형 (거래가) 한산한 (↔ active, ex. quiet market, 한산한 시장), 조용한 명 고요함, 평온 동 조용해지다, 진정되다 (= calm down), ~을 진정시키다

- **quit** 동 중지하다 (= discontinue), 그치다, (일, 학교 등)을 그만두다 (= resign), (거주지, 근무지 등에서) 떠나다 (= leave, ex. notice to quit, 퇴거 통지), 포기하다, 물러나다

- **quote** 동 견적내다, 계산하다, (남의 말, 문장 등)을 인용하다, (가격, 시세 등)을 부르다 명 인용구, 인용문, 견적(= give a quote, 견적을 뽑아 주다) 명 quotation (= estimate, ex. quotation is as follows, 견적은 다음과 같다)

R

- **rate** 명 요금, 요율 (ex. prime rate, 우대 금리, ex. rate of exchange, 환율, ex. rate of return, 수익률), 금리 (= a rate of interest, ex. a fixed rate, 고정 금리), 이자, 임금, 속도 동~을 평가하다, ~의 등급을 매기다

- **ratification** 명승인, (협정, 조약 등의) 비준, 추인 (ex. ratification of agency, 대리의 추인) 동ratify

- **reasonable** 형합리적인, 타당한 (ex. reasonable efforts, 합리적인 노력), 이성적인, 분별 있는, 상당한, 꽤 많은, (가격, 비용 등이) 적정한 명reason

- **receipt** 명수령, 영수증, 인수 (ex. receipt of one's order, ~의 주문 수령) 동receive 형receivable (ex. account receivable, 외상 매출금, 미수금)

- **reciprocal** 형호혜적인 (ex. reciprocal trade agreement, 호혜적 통상협정), 상호의 (ex. reciprocal contract, 쌍무 계약), 상호 간에 명reciprocity

- **recitals** 명(법률 문서에서 어떤 일, 사건 등의 사실에 대한) 설명 부분 또는 설명 조항. 영문 계약서에서는 머리말(Premises) 다음에 설명 조항을 나타내는 Recitals가 나오며 Whereas Clauses와 같은 의미

- **recognize** 동인지하다, (사실 등)을 인정하다, 승인하다 (= acknowledge) 명recognition (ex. in recognition of, ~을 인정하여)

- **recommend** 동권고하다, 권장하다, 추천하다, 맡기다 (= commit) 명recommendation (ex. a letter of recommendation, 추천서)

- **recompense** 명보상, 보답 (= reward), 배상 (= compensation), 답례 형recompensive 동(손실 등)을 보상하다, 배상하다

- **reconciliation** 명조정, 화해, 일치, (배심 등의) 의견 조정, 조율 동reconcile (ex. be reconciled with, ~와 화해하다)

- **recoupment** 명공제, 공제액, 보상, 변상, 청구액 감액 동recoup (= recover, deduct)

- **reduction** 명감축, 감소 (ex. reduction of legal capital, 법정 자본의 감소), 축소, (가격 등의) 인하 동reduce

- **refer** 동나타내다, 언급하다 (ex. refer to as, ~라고 칭하다), 참조하다

몡 reference (ex. a letter of reference, 추천서)

- **reflect** 동 반영하다, 반사하다, 비추다 몡 reflection
- **reform** 동 수정하다 (= modify), (법률 등)을 개정하다, 개선하다, 개혁하다, 보
  정하다 (= correct) 몡 (제도, 조직 등의) 개혁, 개선 (= reformation)
- **registration** 몡 등기 (ex. land registration, 부동산 등기), 기명, 등록, 인명부,
  등기 사항, 신고, 자동차 등록증 동 register 몡 registry (등기소)
- **regulation** 몡 규정, 규칙, 법규, 규제 (ex. procedural regulation, 절차상 규제),
  통제 혱 requlatory 동 regulate (ex. regulate commerce, 통상을 규제하다)
- **rehearsal** 몡 (공식 행사 등의) 예행 연습, (연극, 연주회 등의) 리허설 (ex. in
  rehearsal, 리허설 중에), 반복 연습 동 rehearse
- **reimburse** 동 배상하다, (채무 등)을 변제하다, (비용 등)을 상환하다, 반환하
  다 몡 reimbursement 혱 reimbursable
- **reject** 동 거부하다, 거절하다, 불합격시키다, (생각, 주장 등)을 부정하다, (불
  량품 등)을 반품하다, 버리다 몡 rejection
- **relate** 동 관련시키다 (= connect, ex. relate to, ~에 관련하다), 연관되다, 관
  련되다, 공감하다, 설명하다 몡 relation (ex. in relation to, ~와 관련하여)
  몡 relationship
- **release** 몡 권리 포기, 해방, 의무의 면제, 가압류의 해제, (부동산 등의) 포기
  동 면제하다, 해방하다, 권리를 포기하다, (뉴스, 정보 등)을 공표하다, (죄수, 인질
  등)을 석방하다
- **relevant** 혱 관련 있는 (ex. relevant evidence, 관련 증거, ex. relevant information,
  관련 정보), 적절한 (ex. relevant voting power, 적절한 의결권)
- **reliable** 혱 믿을 만한 (= dependable, ex. reliable importer, 믿을 만한 수입업자)
  몡 reliability 동 rely
- **relief** 몡 (소송상의) 구제, 안도, 구조, (통증, 증상 등의) 완화, 공제(ex. tax relief,
  세금 공제), 복지 수당, 해방, 봉쇄 해제

- **remain** 동 (일, 문제 등이) 남아 있다, 남다 (ex. remain to do, ~한 상태로 남아 있다), 여전히 ~이다, 계속 ~인 상태이다, 계속 머무르다

- **remedy** 동 (결함이나 하자 등)을 치유하다, 시정하다, 구제하다 형 remedial (ex. remedial period, 치유 기간) 명 치유, 해결책 (= solution), 구제, 구제책

- **reminder** 명 상기시키는 것 (ex. serve as a reminder, 상기시키다), 생각나게 하는 것, (독촉장, 통지서, 상기 등을 위한) 주의

- **remittance** 명 송금 (= payment, ex. remittance advice, 송금 통지), 송금액 동 remit (= forward, send)

- **remuneration** 명 보상 (= compensation), 보수 (= reward), agent 등에 지급되는 보수 (= commission fee), 지급 (= payment), 급여 (= salary)

- **render** 동 지불하다, (판결 등)을 선고하다, 주다, 제공하다 (= furnish), 만들다 (= make)

- **repair** 동 수리하다, 수선하다, 보상하다, 회복하다, 배상하다 명 수리작업, 수선 형 reparable 명 reparation

- **replacement** 명 교체, 대체, 후임자 (ex. a suitable replacement, 적절한 후임자), 대용품 동 replace (= take over from)

- **represent** 동 표명하다 명 representation (설명, 진술, 사실 증명) 명 representative (ex. representative director, 대표 이사)

- **repudiation** 명 이행 거절, 거부, 포기, 부인, 부정, 지급 거절 동 repudiate (= deny, reject)

- **reputation** 명 평판, 세평, 명성 (ex. cultivate a reputation, 명성을 쌓다) 동 명 repute (ex. be held in high repute, 평판이 좋다) 형 reputable

- **request** 명 요청 (ex. on request, 요청이 있으면, ex. make a request, 요청하다), (라디오, 콘서트 등에서의) 신청곡 동 요청하다, (노래, 음악 등)을 신청하다

- **require** 동 (특히 법, 규칙 등에 따라) 요구하다, 필요로 하다 (ex. require immediate assistance, 즉각적 지원을 요하다) 명 requirement

- **requisite** 휑 없어서는 안 되는, 필요한 똉 필수품, 필요 조건 똉 requisition (요청서, 요구서, 징발) 똥 requisition (요구하다, 징발하다)
- **resign** 똥 (임원 등이) 사임하다, 물러나다, (권리 등)을 포기하다, 단념하다, 양도하다 똉 resignation
- **resolution** 똉 해결책 (ex. peaceful resolution, 평화적 해결책), 결의, 결심 (ex. make a resolution, 결심하다), 결의문 똥 resolve
- **resource** 똉 (금전적, 기술적, 인적) 자원 (ex. pool resources, 자원을 총동원하다), (자연에서 얻는) 자원 (ex. natural resources, 천연자원), (교육, 연구용) 교재, 자료 (ex. educational resources, 교육용 자료), 자질, 재치, 기지
- **respect** 똥 중요시하다, 존경하다 (ex. with respect to, ~에 관한) 똉 존경, 중시, 경의, 관심 휑 respectable
- **respective** 휑 각각의, 각자의 (ex. respective obligations, 각자의 의무) 븟 respectively
- **responsibility** 똉 책임 (ex. social responsibility, 사회적 책임) 휑 responsible (ex. be reponsible for, ~에 책임이 있다)
- **restrict** 똥 한정하다, 제한하다 (= restrain), 금지하다 똉 restriction (= restraint, ex. share transfer restriction, 주식 양도의 제한) 휑 restrictive
- **result** 똉 (조사, 연구 등의) 결과 (ex. as a result of, ~의 결과로), (회계, 재무상의) 실적, 성과 똥 일어나다, 생기다 (ex. result from, ~에 기인하다)
- **retain** 똥 (관계 등)을 유지하다, 간직하다, (기록, 문서 등)을 보관하다, 보존하다, 보유하다 (ex. retained earnings, 유보 이익), (변호사를) 고용하다 똉 retainment 휑 retentive
- **revenue** 똉 수익 (ex. generate revenue, 수익을 창출하다), 세입, 재원, 수입 (= earnings, ex. gross revenue, 총수입)
- **revocable** 휑 철회할 수 있는 (↔ irrevocable), 폐지할 수 있는 똉 revocability 똉 revocation

- **royalty** 몡특허권 사용료, (음악 작품 등의) 저작권 사용료, (책의) 인세, 실시료, 채굴료, 허락료

S

- **safeguard** 몡(법, 제도 등의) 보호 수단, 안전장치, 방지책, 보호 조항(ex. sufficient safeguard, 충분한 보호 조항), 예방 조치, 긴급 수입 제한 동보호하다
- **sanction** 몡제재 (ex. impose sanctions against, ~에 대하여 제재를 가하다), 처벌, 재가, 벌칙, 법의 강제력, 인가 동~을 인가하다, 시인하다, 승인하다 (= approve)
- **scrutiny** 몡정밀 검토 (ex. intense scrutiny, 강도 높은 검토), 검사, 상세 조사, 심사 (ex. strict scrutiny, 엄격한 심사) 동scrutinize
- **secrecy** 몡비밀 유지 (= confidentiality, ex. secrecy contract, 비밀 유지 계약), 비밀 (= secret, ex. in strict secrecy, 극비로), 비밀 주의, 비밀 엄수
- **security** 몡증권 (ex. securities, 유가증권), 보안, 보장, 담보, 보증, 안전보장 혱secure (ex. secure tenancy, 안정된 임차권)
- **separation** 몡(회사의) 분할 (ex. separation date, 회사의 분할일), 분리 (ex. separation of ownership and management, 소유와 경영의 분리), 별거 혱separate 동separate (ex. separate action, 개별 소송)
- **serious** 혱심각한, 진지한 (ex. serious harm, 심각한 손해), 중대한, 중요한 (ex. a serious business, 중요한 일), 진심으로 임하는, 진지한
- **set** 동놓다, 두다, (목표, 기준, 기일 등)을 정하다 (= put, ex. condition set forth, 규정된 조건, ex. set a target, 목표를 정하다)
- **settlement** 몡(분쟁 등의) 해결 (ex. dispute settlement, 분쟁 해결), (대금 지급의) 정산, 화해, 합의, (결제금 등의) 지불, 조정, 정착지, (빚 등의) 청산 동settle

- **severability** 똉가분성, (법률 조항의) 분리 가능성 (ex. severability clause, 가분 조항), 절단 가능성 휑severable

- **shareholder** 똉주주 (= stockholder, ex. shareholder agreement, 주주 간 계약, ex. a meeting of shareholders, 주주 총회, ex. shareholders' resolution, 주주의 결의)

- **shipment** 똉(배, 비행기, 차량 등의) 화물, 출하품, 수송, 운송, 적재물, 적하물 똉ship 똉shipping (ex. shipping marks, 선적 화물 포장 표시, 하인)

- **sight** 똉보기 (ex. sightseeing, 관광), 시력, (눈으로) 봄, 일람 (ex. a promissory note at sight, 일람불 어음), 시야, 광경, 명소 똥~을 보다, 목격하다

- **signature** 똉서명 (ex. forge signature, 서명을 위조하다), 사인 (ex. authorized signature, 권한을 가진 서명), 칙서, (작품, 사건 등의) 특징 휑signatory (ex. signatory countries, 서명한 나라들)

- **simultaneous** 휑동시에 일어나는 (= concurrent, synchronous), 동시의 (ex. simultaneous translation, 동시통역), 일시에 똉simultaneity

- **sluggish** 휑(판매, 활동 등이) 부진한 (ex. sluggish market, 시황 부진), 느릿느릿한, 저조한 (ex. sluggish sales, 저조한 매출), 천천히 움직이는 (ex sluggish water, 느린 물살)

- **sole** 휑(권리, 책임 등이) 단독의, 유일한 (ex. in its sole discretion, 단독의 재량으로), 단 하나뿐인 (= only), (소유 등이) 독점의 (ex. the sole right, 독점권) 뷔solely

- **specification** 똉(물건, 건물, 자동차 등의)사양(서), 설계 명세(서), 세부 지시서, 명세서 휑specific (= particular, precise) 똥specify(ex. specify that, ~라고 구체적으로 명시하다)

- **stamp** 똉도장, 우표, 스탬프 (ex. stamp duty, 인지세, ex. a stamp in passport, 여권에 찍힌 스탬프), 특성, 특징, 쿠폰, 수입인지 똥~에 도장을 찍다

- **statement** 똉진술, 주장, 성명, 명세서 (ex. financial statement, 재무제표), 계산서 (ex. statement of account, 거래계산서), 표명 (ex. statement of opinion, 의견 표명)

- **statutory** 휑법적인 (ex. statutory limitation, 공소 시효 또는 소멸 시효), 법령에

의한, 법에 명시된, 법으로 정한 [명] statute (ex. compulsory statute, 강행 법규)

- **stipulate** [동] (계약 등에서) ~을 규정하다, 명기하다 (= specify, ex. stipulated in, ~에 규정된), 명시하다, 약정하다 (ex. stipulated damages, 약정 손해 배상액), 합의하다 [명] stipulation
- **stocktaking** [명] 재고 조사 (= inventory), 상황 점검, 현상 파악
- **subject** [명] 주제, 대상, 내용, 목적물 (= subject matter, ex. subject to, ~을 조건으로 하여, ~에 따라), 주어 [형] subjective (↔ objective)
- **submit** [동] (제안서, 신청서 등)을 제출하다 (= turn in, ex. submit a case to a court, 법원에 제소하다), 진술하다, 부탁하다, (의견, 견해 등)을 제시하다, 복종하다, 따르다 [명] submission
- **subpoena** [명] (증인에 대한 법원의) 소환장, 벌칙부 소환 영장 [동] (증인으로) 소환하다, (문서 등)의 제출을 명령하다
- **subrogate** [동] 대위 변제 하다, 대위하다, 대리하다 [명] subrogation (= payment by subrogation, ex. subrogation right, 대위권)
- **subscribe** [동] (공문서 등에) 서명하다, 정기 구독 신청을 하다, (통신 서비스 등에) 가입되어 있다, 후원금을 내다, 주식을 사다 [명] subscription
- **subsequent** [형] 그 이후의, 나중의 (↔ previous, ex. subsequent to, ~ 다음에, ex. condition subsequent, 해제 조건), 그다음의, ~ 이후에 (= following)
- **subsidiary** [명] 자회사, 계열사 (= affiliate), 부속물, 종속 회사 [형] 부수적인 (= additional), 종속적인, 보조적인, 부차적인, 지엽적인
- **substantial** [형] 중대한, (수량, 가치, 크기 등이) 상당한 (ex. substantial breach, 중대한 위반), 충분한, 실질적인 (ex. substantial performance, 실질적 이행), 실체의, 본질적인 (= substantive) [명] substance [동] substantiate
- **substitute** [명] 대체물, 대용품, 교체 선수, 대리 교사 [동] ~로 대체하다, 대신하다, (선수 등)을 교체하다 [명] substitution (선수 교체, 사물의 교체)
- **successor** [명] 승계인, 후임자, 후계자, 상속인 [명] succession (ex.

succession of family business, 가업 상속, ex. in succession, 연속하여) **동** succeed

명 success (ex. secret of success, 성공의 비결)

- **sue** **동** 소송을 제기하다 (= file a lawsuit, take action, ex. sue for damages, 손해 배상 청구 소송을 제기하다), 고소하다

- **suit** **명** 소송 (= lawsuit, legal action, litigation, ex. file a suit for, ~에 대한 소송을 제기하다), 민사 소송 (= civil suit) **동** ~에게 알맞다, 편하다, ~에게 어울리다

- **supplement** **명** 보완물, 보충물, 영양 보충제, (책 등의) 부록, (잡지, 신문 등의) 특집판, 증보판, (호텔, 서비스 등의) 추가 요금 **동** ~을 보충하다, 보완하다 **형** supplementary (ex. supplementary agreement, 보충 계약)

- **supplier** **명** (상품 등의) 공급자, 공급 회사 (= provider, ↔ purchaser, ex. agricultural supplier, 농산물 공급자), 공급 업체 **명** **동** supply

- **surge** **동** 급등하다, 급증하다, 밀려들다 (= surge forward, 앞으로 밀려들다), 요동치다 **명** 급등, 급증 (ex. a surge in sales, 판매의 급증), 쇄도, 요동, 과부하

- **surplus** **명** 잉여 (= excess), 잉여금, 흑자 (↔ deficit, ex. trade surplus, 무역 흑자), 여분 **형** 과잉의, 잉여의

- **suspend** **동** (생산, 가동 등)을 중단하다 (= discontinue, stop), 중지하다, ~에게 정직 처분을 내리다 **명** suspension (ex. suspension of license, 면허 정지)

- **sustain** **동** (피해, 손해, 부상 등)을 입다 (= suffer), (활동, 상황 등)을 지속하다, 유지하다 (= maintain), ~을 지탱하다 (= support) **형** sustainable **형** sustainability

T

- **tariff** **명** 관세 (ex. tariff barriers, 관세 장벽, ex. tariff on imported goods, 수입품에 부과되는 관세), 양형 체제, 가격표, (휴대 전화의) 요금제

- **tax** **명** 세금 (ex. tax cut, 감세 혜택, ex. reduce tax, 세금을 줄이다, ex. raise tax, 세금

을 인상하다) 图 ~에 세금을 부과하다, ~에 세금을 납부하다 图 taxation (과세,

징세)

- **temporary** 图 임시의, 일시적인 (ex. a temporary cessation, 임시 휴업), 잠정적

(ex. temporary injunction, 잠정적 유지 명령)

- **term** 图 (계약) 조건 (= terms and conditions), 용어, 조항, (계약, 임무 등의) 기간 (=

period of time, ex. term of patent, 특허권의 존속 기간, ex. term of office, 임기), 만기,

회기, 학기

- **terminate** 图 (계약 등)을 해제하다 (ex. terminate a contract, 계약을 해제하다), 종

결시키다 图 terminated (종료된) 图 termination (ex. termination agreement, 해제

계약서)

- **territory** 图 (사업의) 담당 구역, (경험, 지식 등의) 영역 (ex. uncharted territory 미

지의 영역), 영토, 지역, (업무, 활동 등의) 구역 (ex. business territory, 사업 영역)

- **thereafter** 图 (앞서 언급된 내용에 대해) 그 뒤로는, 그 후에 (= afterwards)

- **thereat** 图 (앞서 언급된 내용에 대해) 그곳에서, 그때

- **thereby** 图 (앞서 언급된 내용에 대해) 그에 따라, 그 결과

- **therein** 图 (앞서 언급된 내용에 대해) 그 안에

- **thereinafter** 图 (앞서 언급된 내용에 대해) 이하

- **thereof** 图 (앞서 언급된 내용에 대해) 그것의, 거기에서, 그것에 관한

- **thereon** 图 (앞서 언급된 내용에 대해) 그것에 관해

- **thereupon** 图 (앞서 언급된 내용에 대해) 그러므로, 그 결과

- **thereto** 图 (앞서 언급된 내용에 대해) 거기에, 그에 대해, 게다가, 거기로

- **theretofore** 图 (앞서 언급된 내용에 대해) 그 이전에, 그때까지

- **thereunder** 图 (앞서 언급된 내용에 대해) 그에 따라, 그것 하에, 그것에 따라서

- **therewith** 图 (앞서 언급된 내용에 대해) 그것과 함께

- **threaten** 图 위협하다, 위태롭게 하다 (= endanger, put at risk), 협박하다, 위

험에 빠뜨리다 (ex. be threatened with, ~할 위험에 처하다) 图 threatening

- **thrive** 통 (사업, 조직 등이) 번창하다 (ex. a thriving business, 번창하는 사업), 번영하다 (= flourish, do well)

- **title** 명 권한, 권원, (특히 부동산) 소유권, 제목, 권원 증서 (= certificate of title), 표제, 명칭

- **tortuous** 형 (절차 등이) 복잡다단한, 번잡스러운 (ex. a tortuous legal battle, 복잡다단한 법적 공방)

- **toughen** 통 (법률, 제도 등)을 강화하다 (ex. a plan to toughen the import rules, 수입 관리 규정을 강화하는 계획) 형 tough

- **trade** 명 통상, 거래 (ex. restraint of trade, 거래 제한), 교역, 무역 (ex. trade name, 상호, ex. trade agreement, 무역 협정), 사업 (ex. trade secret, 영업상의 비밀), 상거래, 업계, 교환

- **trademark** 명 상표 (ex. trademark rights, 상표권, ex. trade issues, 상표 분쟁, ex. register a trademark, 상표를 등록하다)

- **transaction** 명 거래 (ex. extraordinary transaction, 특별한 거래), 매매 (= deal, ex. a real estate transaction, 부동산 거래) 통 transact

- **transfer** 통 양도하다, 이전하다 (ex. transfer right, 권리를 이전하다) 명 양도, 이전 (ex. risk transfer, 위험 이전), 인도, 이송 (ex. transfer of a case, 사건의 이송), 환송, 송금 형 transferable

- **transit** 명 (상품, 사람 등의) 운송 (ex. in transit, 운송 중에), 운반 (= transport), 대중교통 (= public transit), 통행, 통과, 중계 통 통행하다, 통과하다

- **transmission** 명 전달, 전송, 송신, 양도, 중계, 이전 (ex. transmission of shares, 주식의 이전), 통 transmit (= send)

- **transparent** 형 (글, 의미 등이) 명료한 (= a transparent style of writing, 명료한 문체), 이해하기 쉬운 명 transparency

- **transport** 명 수송, 이동 (ex. mutimodal transport, 복합 운송), 교통 체계, 운송 체계 통 (~을) 수송하다, 운송하다, 옮기다, 이동시키다 형 transportable

- **treatment** 몡 대우 (ex. preferential treatment, 특별 대우), 처리, 치료, 치료법, 취급 (ex. discriminatory treatment, 차별적 취급), 처리 방법
- **trial** 몡 재판 (ex. jury trial, 배심재판, ex. on trial, 재판 중인), 공판, 심리, 사실 심리, 실험, 시련, 대회, (상품, 서비스 등의) 시험 사용 (ex. trial period, 시험 사용 기간)

U

- **ultimate** 혱 최종적인 (ex. ultimate destination, 최종 목적지, ex. ultimate outcome, 최종적인 결과), 궁극적인, 최후의, 최고의, 근본적인 몡 극치, 결정판
- **unanimity** 몡 만장일치, 전원 일치, 전원 합의 혱 unanimous (ex. unanimous declaration, 전원이 일치된 선언, ex. unanimous verdict, 만장일치 평결)
- **unconditional** 혱 조건 없는 (= not limited or affected by any condition), 무조건의 (ex. unconditional promise or order, 무조건의 지급 약속 또는 지급 지시)
- **uncontested** 혱 반대가 없는, 논란이 없는, 의심의 여지가 없는, 이의가 없는, 다투지 않는 (ex. uncontested amounts, 분쟁이 없는 금액), 무투표 당선의
- **undertake** 동 (임무, 책임 등)을 떠맡다, 약속하다 (= give an undertaking), 인수하다, 보증하다 (= guarantee) 몡 undertaking (ex. a major undertaking, 중대한 임무)
- **unless** 부 ~하지 않는 한 (ex. unless otherwise agreed, 별도의 합의가 없는 한), ~가 없는 경우에, ~하지 않는다면, ~가 아닌 한
- **urgent** 혱 긴급한 (ex. urgent need, 긴급한 필요), 다급한, (말, 행동 등이) 절박한 (ex. urgent matter, 절박한 문제) 몡 urgency
- **usage** 몡 관습, 관행 (ex. usage of trade), 관례, 용법, 어법, 사용량, 사용 (ex. in common usage, 통용되는) 동 use 몡 use (ex. out of use, 사용되지 않는) 혱 useful
- **usance** 몡 유예 기간, 환어음 기간 (ex. usance bill export, 기한부 수출 어음), 기

한부 (ex. usance bill, 기한부 환어음)

- **utility** 몡유용성 (ex. registration of utility model right, 실용신안권 등록), 공익사업
  (= public utility) 혱다용도의, 다목적의

V

- **valid** 혱유효한 (↔ invalid, ex. valid contract, 유효한 계약서), 법적 구속력이 있
  는, 정당한, 법적 효력이 있는, 합법적인 몡validity (ex. legal validity, 법적 타당
  성) 됭validate
- **vend** 됭판매하다 (= sell, ex. vendor, 매도인, ex. vendee, 매수인), 팔다 (ex.
  vending machine, 자동판매기), 처분하다, 매각하다
- **venture** 몡벤처 사업 (ex. a joint venture, 공동 사업체, ex. venture capital, 벤처 기
  업 창업 자본), 모험적 사업 됭~를 과감하게 하다, ~라고 감히 말하다, 위험을
  무릅쓰고 나아가다
- **verify** 됭확인하다 (= confirm), (사실 등)을 검증하다, 실증하다, 증명하다
  몡verification (ex. verification of data, 자료 검증) 혱verifiable
- **vindicate** 됭(권리, 요구, 주장 등)의 정당성을 입증하다, (결정, 의혹 등)이 옳음
  을 입증하다 몡vindication 혱vindicatory
- **violate** 됭위반하다, 법을 어기다 (= flout, ex. violate law, 법을 위반하다), (권리
  등)을 침해하다, 침범하다 몡violation (ex. traffic violation, 교통 위반)
- **virtue** 몡선행, 미덕 (ex. by virtue of, ~의 덕분에, ~에 의하여), 이점, 장점 (=
  advantage), 효능 혱virtuous
- **void** 몡무효, 공허감 혱무효의 (= invalid), 전혀 없는 (= devoid), 아무런 효력
  이 없는 (= of no validity or effect) 혱voidable
- **voluntarily** 묌자발적으로 (ex. appear voluntarily, 자발적으로 나오다), 자진하

여, 대가 없이, 자원봉사로 [형] voluntary (↔ mandatory, compulsory)

W

- **waive** [동] (권리 등)을 포기하다 (= abandon, ex. waive one's claim, ~의 청구를 포기하다) [명] waiver (ex. waiver clause, 포기 조항)
- **warranty** [명] 보증 (ex. warranty of merchantibility, 상품성의 보증), 보증책임, 담보, 담보책임, (제품의) 품질 보증서 (= guarantee) [명] warrant (보증서, 신주 인수권 증서, 증명서, 허가증, 영장) [동] warrant
- **whatsoever** [부] 무엇이든지 (whatever의 강조형), 어떤 ~라도, (neither, no 등과 함께 쓰여) 전혀 ~하지 않는 (= no ~ at all)
- **whereas** [부] ~의 이유로 (계약의 배경을 열거하는 상투어), ~라고 하는 사실에 비추어, ~이므로, 그 반면에, ~인 까닭에
- **whereby** [부] (앞서 언급된 내용에 대해) 그것에 따라, 그것에 의해
- **whereof** [부] (앞서 언급된 내용에 대해) 그것에 대해, 어떤 것에 대해(ex. in witness whereof, 위 내용의 증거로써)
- **withdraw** [동] 철회하다, 취소하다, 철수하다, (돈 등)을 인출하다 (ex. make a withdrawal), 회수하다 [명] withdrawal (ex. withdrawal of offer, 청약의 철회)
- **withhold** [동] ~를 저지하다, 만류하다 (ex. withhold or delay, 보류 또는 지연하다), 보류하다 (ex. withhold payment, 지불을 보류하다), 억제하다, 원천 징수하다
- **witness** [명] 증인 (ex. material witness, 중요한 증인), 목격자, 증거 (ex. in witness whereof, 위 내용의 증거로써), 입회인 [동] 증언하다, 입증하다, 증명하다, 입회하다
- **witnesseth** [동] 아래 사항을 증명하다, 이하를 증명하다 (계약서, 진술서 등의 도입 부분에 나오는 문어체 문구로, 다음의 전문(前文)을 도출하는 역할을 함), 이하를 보증하다

- **worthiness** 몡훌륭함, 가치 있음 (ex. credit worthiness, 신용 상태), 가치 몡 worth (= value) 혱 worth (ex. be worth, ~을 할 만한 가치가 있다) 혱 worthy (존 경할 만한, 훌륭한, 뜻있는)

- **written** 혱 문서로 된, 서면에 의한, 글로 표현된 (ex. written notice, 서면에 의 한 통지, ex. written contract, 서면 계약) 동 write

참고 문헌

1. 조쌤, 『실용 영어(무역, 이메일, 계약)이야기』, 블로그, 2021.

2. 강대영, 『영어번역 & 영문독해 원론』, 반석출판사, 2021.

3. 이지윤, 『비즈니스 실무 영작 무작정 따라하기』, 길벗이지톡, 2017.

4. 권영구, 『인코텀즈 2020 쉽게 배우는 무역영어 기본 실무』, 중앙경제평론사, 2020.

5. 박지우, 『이메일 영어패턴 500+』, 넥서스, 2013.

6. 최정숙, 『미국식 영작문 수업』, 동양북스, 2020.

7. 유진영, 『숫자를 다루는 비즈니스 실전영어패턴』, 다락원, 2020.

8. Willy, 『영문 비즈니스 이메일』, 혜지원, 2019.

9. 조상무, 『삶도 일도 행복한 직장인입니다』, 북랩, 2020.

10. 벤쿠버 SM Education, 『Essence Essay Writing』, 마인드큐브, 2017.

11. 타임스미디어, 김의락, 강대영, 『하이패스 비즈니스 영어 통번역』, 시대고시기획, 2019.

12. 최용섭, 『원서 잡아먹는 영작문』, 다산북스, 2017.

13. 오시학, 『샘플로 쉽게 배우는 무역 실무영어 첫걸음』, 중앙경제평론사, 2021.

14. Hello Woongs, 『자면서 암기하는 고급 비즈니스 영어문장』, Youtube

15. 이태희·임홍근, 『법률영어사전』, 법문사, 2007.

16. 치요다 유코, 『이 책 없이 외국기업과 계약하지 마라』, 두앤비컨텐츠, 2006.

17. 윌리엄 스트링크 2세, 『영어 글쓰기의 기본 (The Elements of Style)』, 인간희극 2017.

18. 조상무, 『한 권으로 끝내는 무역영어, 이메일영어, 계약영어』, 북랩, 2022.

19. 능률교육 편집부, 『능률·롱맨 영한사전』, 능률, 2009.